MÉMOIRES HISTORIQUES

DE S. A. R. MADAME,

DUCHESSE DE BERRI

DEPUIS SA NAISSANCE JUSQU'A CE JOUR,

PUBLIÉS

PAR ALFRED NETTEMENT.

2

PARIS

Allardin, Libraire-Éditeur,

MÉMOIRES HISTORIQUES

DE S. A. R. MADAME,

DUCHESSE DE BERRI.

IMPRIMERIE DE HENRI DUPUY, RUE DE LA MONNAIE, 11.

LIVRE PREMIER.

LIVRE PREMIER.

Le meurtre du 13 février était-il un crime isolé ? — Raisons qui peuvent faire admettre cette opinion. — Raisons qui peuvent la faire rejeter. — M. Decazes se range du premier avis. — Chute de M. Decazes. — Comment sa politique avait pu contribuer moralement à cette catastrophe. — Revirement des opinions. — Indignation et douleur publiques. — Douleur de madame la duchesse de Berri. — Elle quitte l'Élysée. — Sa fermeté. — Mot adressé par elle à un ecclésiastique. — Cérémonies des funérailles. — La basilique de Saint-Denis. — Oraison funèbre, prononcée par M. de Quélen. — La confrérie des charbonniers, à Saint-Denis. — Lettre de M. le duc de Lévis. — Réponse qu'il reçoit de madame la duchesse de Berri.

Un grand crime venait d'être commis; ce crime se rattachait-il à la situation générale? était-ce l'acte frénétique d'une fureur isolée? Il est difficile d'admettre entièrement la seconde hypothèse, et la justice du pays ne put réussir à pousser la première jusqu'à l'évidence, en montrant, derrière le poignard de Louvel, une conspiration politique. Les réponses de l'assassin furent arrogantes et froides; elles décélèrent cet endurcissement du crime que les âmes scélérates prennent pour l'énergie de la vertu. La haine de la royauté et de la religion, tels furent les deux sentiments qui éclatèrent dans ses réponses. Prêt à paraître devant Dieu il s'écria: « Dieu n'est » qu'un mot! » Quand on lui demanda pourquoi il avait frappé, de préférence, M. le duc de Berri; « J'ai tué le prince » le plus jeune de la famille, dit-il, » parce qu'il semblait destiné à perpétuer

» la race des Bourbons. » Il refusa de nommer ses complices; il continua toujours à soutenir qu'il était seul. Faut-il le dire? il revendiqua, comme un patrimoine, la responsabilité du meurtre, et, quand on voulait ne voir en lui que l'instrument aveugle des haines politiques, il semblait qu'on lui volât sa gloire.

L'opinion extrême qui pouvait encourir le soupçon de cette terrible complicité se hâta de profiter de l'attitude que l'accusé avait prise. Elle détesta le crime, et condamna le criminel. Elle proclama que ce coup de poignard était un acte isolé. Les paroles de l'assassin ne le prouvaient-elles pas d'une manière évidente? Comment, s'il avait eu des instigateurs, hésiterait-il à les perdre pour se sauver? De pareils forfaits ne pouvaient être couvés que par ces haines solitaires, qui n'ont pour conseil que leur tête, et pour complice que leur bras. Qu'un individu devînt meurtrier, on le concevait facilement; mais il n'y avait point de parti politique assassin. Soupçonner, dans une pareille circonstance, c'était calomnier.

M. Decazes et ses partisans soutenaient avec chaleur ce système. La responsabilité du premier ministre était gravement compromise. Il lui importait que le meurtre de M. le duc de Berri fût regardé comme une sinistre éventualité tout-à-fait en dehors de la situation, et que la sagesse humaine ne pouvait prévoir, ni la vigilance ministérielle prévenir.

Les paroles ne manquaient point à ceux qui soutenaient l'opinion contraire. On rappelait les lettres atroces qui avaient été adressées par des mains inconnues au roi et à M. le duc de Berri, plusieurs mois avant le 13 février. Ces lettres contenaient de sinistres prophéties, trop bien justifiées par l'événement. Souvent même elles montraient, dans d'horribles dessins, un poignard dirigé sur la poitrine du prince, qu'il devait percer, et l'assassinat du 13 février exécuté, pour ainsi dire, par effigie. On ne pouvait prétendre que l'assassin eût lui-même donné ces avis menaçants; car, si beaucoup de lettres précédèrent le crime, beaucoup aussi le suivirent. Le ministère le savait, puisque le roi les avait remises dans ses mains. A d'horribles menaces avait succédé l'expression d'une horrible joie. On rappelait aussi la mort du prince annoncée dans plusieurs capitales étrangères, et dans les provinces éloignées, huit ou dix jours avant l'événement. Si le crime avait été renfermé dans une seule pensée; comment aurait-il été dans toutes les bouches? Le secret d'un seul homme n'eût pas été connu à Londres, avant que la nuit du 13 février ne l'eût rendu public. Le criminel avait des complices, puisqu'il avait des confidents.

Puis venaient les interrogatoires de Louvel. Il avait dit qu'après avoir tué M. le duc de Berri, il avait encore à tuer le roi, *Monsieur*, M. le duc d'Angoulême. Il n'avait point parlé de la branche cadette. Les principes irréligieux et anti-sociaux qu'il professait n'étaient-ils point ceux d'une certaine opinion qui n'avait vu reparaître qu'avec répugnance la maison de Bourbon, et qui se rattachait, par sa politique, à la secte de 93, par sa philosophie à l'école athée du dix-huitième siècle? Un écrivain célèbre avait dit avec raison : « J'ai vu l'arme, *c'était une idée libérale.* »

Alors on revenait à d'autres indices d'un ordre moins élevé. Quand on avait conduit le coupable dans sa prison, il s'était retourné vivement en entendant le bruit d'une porte qui se fermait et il s'était écrié avec une expression non équivoque de joie : « C'est le canon! » Cette arrogance et cette impassibilité, dont il avait fait preuve pendant les débats du procès, ne l'avaient point suivi jusqu'au supplice. Assis dans la fatale charrette, il promenait ses regards sur la foule avec une inquiétude visible, semblant attendre un signal qui n'arrivait pas. Quand il avait vu que le mouvement sur lequel il comptait n'éclatait point, sa fermeté l'avait abandonné. Il avait fallu le porter sur l'échafaud, et il avait perdu connaissance avant de cesser de vivre.

Au milieu de ces deux opinions contradictoires, quelle est celle qui se rapprochait le plus de la vérité; c'est ce que l'histoire ne peut dire d'une manière certaine, mais ce que le bon sens suffit pour indiquer.

Sans doute il est impossible de croire qu'un parti politique ait accepté la solidarité du crime du 13 février. Dans notre temps et dans notre pays surtout, les partis portent l'épée et non le poignard; ils combattent, et n'assassinent pas. Mais cela ne doit point empêcher de rechercher quels rapports existaient entre la situation générale des esprits et le coup de poignard du 13 février. De pareils actes ne sont jamais commis que par des hommes à part, des natures exceptionnelles organisées pour le meurtre. Mais il y a des lois générales qui dominent ces atrocités particulières. Ces exceptions effroyables portent cependant au front le cachet de leur époque. Il se fait des révolutions dans le royaume du crime qui correspondent à celles qui ont lieu dans les idées des sociétés, et l'homme, ce faible roseau, cède encore aux tempêtes qui règnent, et plie dans le sens où elles le poussent, lorsqu'il se courbe pour se tremper dans le sang.

Il est impossible de jeter les yeux sur les événements qui accompagnèrent et qui suivirent le 13 février, sans apercevoir que ce crime isolé se rattachait à la situation générale. Au dehors la révolution lève la tête à Naples et à Madrid; au dedans, les mouvements et les conspirations se succèdent avec une continuité effrayante. L'armée est travaillée par un levain de révolte, la jeunesse s'agite poussée par des mains inconnues. L'insurrection entre dans la sphère constitutionnelle elle-même : un collége électoral envoie un régicide à la chambre. Tous ces faits coïncident avec le crime de Louvel. Ils en sont la préface ou le commentaire.

Sans doute ceux qui agissaient ainsi n'étaient point les complices du meurtrier du 13 février. Mais qui dira pourtant que ce fanatisme solitaire ne soit point venu s'allumer au foyer de tant de passions enflammées, avant d'aboutir au crime? qui dira que Louvel n'ait point respiré, pour ainsi parler, dans l'atmosphère publique, le germe de son attentat?

M. Decazes, par un système imprudent, avait, comme on l'a vu, rendu la révolution, de faible qu'elle était, puissante. En même temps, en frappant les royalistes et en leur donnant le spectacle inouï du triomphe des adversaires de la maison de Bourbon, sous le règne du chef de cette maison, le ministre dirigeant avait excité une indignation profonde dans les rangs de la droite. La droite, chassée de la sphère de l'action, se vengeait par la parole. L'inexorable justice de ses souvenirs accablait ses adversaires. De sorte que les haines, au lieu de s'adoucir, s'aigrissaient chaque jour davantage; la passion se changeait en fureur, l'irritation devenait de plus en plus profonde, et l'opposition allait à l'extrême. Dans ces circonstances, cette pensée d'hostilité contre la maison de Bourbon, qui, dans un collége électoral, avait désigné au choix un régicide, qui fomentait à la fois des émeutes de places publiques et des conspirations de caserne, venant à rencontrer une de ces âmes atroces qui ont le goût du sang, se traduisit en meurtre.

Ce fut le terme de la puissance de M. Decases. La mort de M. le duc de Berri devint le signal d'un mouvement immense d'opinion. La douleur publique fut grande, elle fut sincère. Il y a en France un sentiment de réprobation qui ne manque jamais au crime. En outre, chacun commençait à s'inquiéter des agitations dont ce meurtre pouvait être la cause.

Les intérêts sentaient le sol remuer sous leurs pas et demandaient qu'on prît des mesures rigoureuses pour le raffermir. Les idées révolutionnaires portèrent le poids de la complicité morale du 13 février. De toutes parts, il s'éleva contre elles un long cri d'indignation. Les chambres, les tribunaux, tous les corps publics, les cités, les villages, faisaient arriver leur douleur au pied du trône. La popularité de la maison de Bourbon s'était retrempée dans le sang où l'on avait voulu noyer sa puissance.

Tandis que la France faisait entendre ce long gémissement, et que les alarmes privées se mêlaient à la douleur publique, il y avait un autre deuil plus inconsolable encore, c'était celui de la famille royale. Le désespoir de madame la duchesse de Berri, surtout, repoussa longtemps tout adoucissement. Cette âme vive et franche, qui laissait transpirer tous ses sentiments au dehors, exprimait sa douleur avec la même énergie que tout le reste. Elle coupa ses longs cheveux dans lesquels M. le duc de Berri passait encore sa main lorsqu'il était près de ses derniers moments, et elle s'enveloppa dans son deuil pour pleurer ses jeunes espérances détruites, et ce long avenir, qu'elle voyait devant elle subitement fermé par la main de la mort. L'Elysée, où elle avait eu des instants heureux, lui était devenu un douloureux séjour. Ses joies passées rendaient son isolement actuel plus pénible. Peu de temps après la mort de M. le duc de Berri, elle alla s'établir aux Tuileries, au pavillon Marsan, dans les appartements voisins de ceux de *Monsieur*.

Cependant au milieu de ses douleurs, madame la duchesse de Berri déployait une fermeté de caractère que personne ne lui avait soupçonné avant l'événement du 13 février. Il semblait que son courage, éprouvé par les souffrances de cette nuit sinistre, défiât maintenant tous les dangers. Jusque-là elle n'avait eu l'occasion de montrer que les heureuses qualités d'un esprit plein de naïveté, et les douces vertus d'un cœur qui inclinait à tous les actes de bonté et de bienfaisance. Mais, dans cette nuit fatale, il s'était trouvé que cette gracieuse tête qui ne semblait faite que pour porter des couronnes de fleurs, n'avait point plié sous le poids d'une situation terrible. La jeune femme avait disparu pour faire place à la princesse, et l'on s'étonna du grand cœur qui animait ce corps si frêle au milieu de scènes si épouvantables. Six heures après la mort de M. le duc de Berri, sa veuve disait à un saint prêtre : « C'est » fini, mon sacrifice est fait. Je suis prête » à tout; j'ai promis d'avoir du courage, » j'en aurai. » Elle tint parole. Dès ce moment, sa douleur fut vive, mais ferme et sans faiblesse. Elle semblait sentir qu'elle était appelée à une grande destinée au niveau de laquelle elle devait se placer.

Cependant les tristes cérémonies qui marquent les funérailles des princes s'étaient accomplies avec une lugubre solennité. Le corps de son altesse royale, exposé dans le Louvre comme celui de Henri IV, avait été visité par toute la France, et le jour indiqué pour les funérailles arrivait. Dès le 22 février, les dépouilles mortelles de M. le duc de Berri furent transférées à Saint-Denis, au milieu des larmes universelles. Dans le funèbre cortége, on vit marcher les pauvres qui avaient tant perdu à la mort de celui qui soulageait leurs souffrances, et l'on remarqua la confrérie des charbonniers venant rendre un dernier hommage à la mémoire du prince qui, peu de temps auparavant, avait sauvé un des leurs.

Le roi avait marqué le 14 mars pour le service solennel. Toutes les pompes de la mort furent déployées pour celui qui pendant sa vie avait été l'espérance de sa race. Louis XVIII avait voulu qu'aucune magnificence ne manquât à cette douloureuse cérémonie. Les arts (1) avaient

(1) Grâce à une activité et à des efforts sans exemple, les travaux nécessaires à la solennité funèbre furent achevés dans la nuit du 13 mars. Voici la description sommaire de l'église : La tenture du portail était enrichie de draperies à l'antique,

été appelés à assombrir encore l'expression de la douleur. La basilique de Saint-Denis, tendue de noir dans toute sa hauteur, semblait un gigântesque tombeau. Ces milliers de bougies qui dessinaient des

surmontée d'un groupe de génies, tenant des flambeaux renversés et soutenant l'écusson du prince.

Dans l'église, le jour avait été soigneusement intercepté; la totalité de l'édifice était voilée de draperies noires, à plusieurs rangs de litres et d'hermine au milieu desquels étaient les armoiries de feu son altesse royale.

Pour attacher la tenture de la grande nef et du chœur, on avait suspendu aux voûtes de l'église un berceau de charpente d'une construction légère et hardie, sans aucun attirail; les piliers du petit portique gothique, formant galerie de ronde, entre le premier et le second ordre d'architecture des grandes nefs, étaient tout enveloppés de noir; un ange en argent, et de grandeur naturelle, était adossé à chaque pilier et portait un large plateau surmonté d'une girandole garnie de ses bougies.

Le catafalque, élevé au milieu du chœur, était de forme antique et chargé des insignes du prince; un très-grand nombre de cierges brûlaient autour; un dais magnifique dominait le catafalque, son couronnement touchait à la voûte, et ses riches cordons de feu sur les tentures funèbres; ce clergé qui priait, toutes les grandeurs de la terre inclinées devant la majesté du cercueil, ces harmonies lugubres à travers lesquelles on entendait retentir les gémissements, et surtout cette royale fa-

draperies descendaient majestueusement. A droite et à gauche de l'entrée du chœur, s'élevaient deux obélisques d'argent, chargés de lumières et surmontés de croix; plus loin, s'élevaient encore deux colonnes pyramidales, également illuminées, et soutenant les urnes cinéraires. L'intention des architectes fut de rappeler par ces deux monuments, la mémoire des deux enfants que le prince avait perdus peu après leur naissance. Deux cordons de bougies dans tout le pourtour de la nef et du chœur, un grand nombre de lampadaires suspendus aux voûtes, deux rangées de candelabres dans toute la longueur de l'église, une grande croix ardente, au fond du chœur, complétaient ce pompeux luminaire, où il n'est pas moins entré de quarante mille lampes, cierges ou bougies.

Des tribunes en charpente, à plusieurs rangs de degrés et drapées de noir, avaient été pratiquées dans l'ouverture de toutes les arcades; le plus grand ordre régnait dans ces distributions.

mille qui venait coucher dans les caveaux de Saint-Denis dépeuplés par la révolution, un des siens tombé avant l'âge ; la mémoire du crime, les craintes du présent, les incertitudes de l'avenir, cette race auguste sous laquelle tremblait le trône et que la fureur des hommes n'avait pas même laissée en possession de son tombeau, il y avait là de quoi expliquer l'émotion profonde qui se révélait sur tous les visages et qui remuait tous les cœurs.

Le roi s'était placé dans une tribune presqu'en face du catafalque, avec son altesse royale *Madame*, et madame la duchesse douairière d'Orléans. M. le duc d'Angoulême conduisait le deuil; il était assisté de M. le duc d'Orléans et de M. le duc de Bourbon. Ce fut M. de Quélen, co-adjuteur de monseigneur l'archevêque de Paris, qui prononça l'oraison funèbre. Il avait pris pour texte ce passage de l'Écriture : *Convertam, Israel, festivitates vestras in luctum, et jubila vestra in planctum.*

A la fin du service, les gardes du corps de Monsieur soulevèrent silencieusement le cercueil et le portèrent à pas lents vers le caveau. Quand ils passèrent devant les tribunes, le roi et MADAME, duchesse d'Angoulême s'agenouillèrent. MADAME, si forte contre la douleur, sentit pourtant son âme se briser en face de cette dernière épreuve et fut obligée de se retirer. Le roi inclina sa tête vénérable, et l'on vit des larmes couler de ses yeux.

Le caveau fut ouvert en présence des grands-officiers de la couronne. Le grand-maître des cérémonies de France, placé à l'entrée du sépulcre, appela à haute voix les officiers de la maison du prince chargés des insignes de son altesse royale. Le moment était venu. M. le duc d'Angoulême descendit le premier dans le funèbre souterrain; le cercueil de M. le duc de Berri descendit ensuite, et puis M. le duc d'Angoulême remonta seul. Vingt et un coups de canon annoncèrent ce moment fatal.

Alors M. le comte de Nantouillet, se présentant à l'entrée des sépultures royales, prononça ces mots en s'adressant aux officiers du prince : « Monseigneur le duc de Berri, votre maître et le mien, est mort; officiers, pourvoyez-vous. » Le roi d'armes cria ensuite par deux fois : « Très-haut et très-puissant prince Charles-Ferdinand d'Artois, duc de Berri, est mort ; priez Dieu pour le repos de son âme! » Après cette parole la pierre tumulaire fut replacée, et l'assistance se sépara.

Pendant cette triste cérémonie madame la duchesse de Berri était restée solitaire avec sa douleur. Cependant il fallut bientôt l'entretenir d'un sujet qui se rattachait à ces funérailles. Le cœur de M. le duc de Berri avait été provisoirement déposé à Saint-Denis par M. de Bombelles, évêque d'Amiens, ancien compagnon des premières campagnes du prince, et qui avait traversé la gloire des armes et les habiletés de la diplomatie, avant d'arriver à la sainteté du sacerdoce. On dut consulter madame la duchesse de Berri sur les dispositions à prendre à l'égard de ce précieux dépôt. M. le duc de

Lévis, chargé de cette douloureuse mission, rendit ainsi compte, dans une lettre, de l'état de la princesse et du résultat de sa démarche auprès d'elle : « La douleur de madame la duchesse de Berri est profonde, mais calme. Sa résignation, soutenue par la piété et la force de son caractère, n'est plus troublée par ce qui lui rappelle de cruels souvenirs. J'ai eu dernièrement la bien triste commission de lui demander où elle voulait que fût déposé le cœur du prince. Voici sa réponse : *Mes intentions sont arrêtées ; je vais faire construire à Rosny un bâtiment composé d'un pavillon et de deux ailes ; dans l'une on soignera des malades, dans l'autre on élèvera des enfants pauvres ; le milieu sera une chapelle où on priera Dieu pour mon mari.* »

Ne semblait-il pas que la princesse

ainsi entourée, se fût placée elle-même entre les regrets que lui avait laissés celui qui n'était plus, et les espérances que lui donnait celui qui n'était pas encore?

LIVRE DEUXIÈME.

LIVRE DEUXIÈME.

Madame la duchesse de Berri sort pour la première fois de ses appartements, le 20 mars. — La population se presse sur son passage. — Situation des esprits. — Les passions politiques semblent se hâter au-dehors comme au-dedans. — Révolutions à Madrid, à Lisbonne, à Naples. — Caractères de cette dernière révolution. — Alarmes de la princesse pour sa famille. — Ces alarmes sont partagées par M. le duc d'Orléans. — Conspiration à l'intérieur. — 1768, 93, 1800. — Troubles des écoles. — Troubles de la chambre. — Conjuration militaire du 19 août. — M. le baron Mounier la découvre. — Clémence du roi envers les instigateurs de ces complots. — Tentatives contre madame la duchesse de Berri. — Bouton et Gravier. — La confiance de son altesse royale ne se dément point un instant. — Son rêve. — Ses promenades sur la terrasse du bord de l'eau. — Sa réponse aux conseils de prudence. — Espérances de la France. — Le roi Louis XVIII annonce que le prince qui naîtra prendra le titre de duc de Bordeaux. — Députation des halles de cette ville. — Madame Aniche. — Le cantique de Jeanne d'Albret. — La tête d'ail de Béarn. — Pourquoi l'on croit à la naissance d'un Henri IV.

Madame la duchesse de Berri était restée pendant plus d'un mois renfermée dans ses appartements. Avant de paraître en public, il fallait qu'elle mesurât ses forces avec son malheur, et qu'elle s'accoutumât à ces habits de deuil qui lui rappelaient la nuit fatale. Enfin, le 20 mars, son altesse royale fit sa première sortie, accompagnée de *Mademoiselle*, qu'une femme de sa suite portait dans ses bras. A partir de ce moment, le peuple se rassemblait devant les Tuileries, chaque fois que la princesse ou *Made-*

moiselle paraissaient sur la terrasse du bord de l'eau, des acclamations les suivaient et la multitude souhaitait avec un respectueux attendrissement que les douleurs de la veuve fussent bientôt adoucies par les joies de la mère.

Cependant la grossesse avançait, et il semblait que les passions enflammées voulussent profiter de l'incertitude qui régnait encore sur son issue, pour décider la question en faveur de la révolution. Chaque jour quelque nouveau symptôme venait prouver que si le crime du 13 février était, comme on l'a dit, matériellement isolé, il se rattachait moralement à une situation générale. La révolution jouait sa chance non-seulement en France, mais dans toute l'Europe. Nous avons parlé de la révolte militaire de l'île de Léon; elle devait être suivie, après une modération de courte durée, de tous les excès révolutionnaires qui, en France, signalèrent l'année 1792 et préparèrent l'année 1793. La révolution espagnole, qui n'avait point pour elle les masses, parodiait cependant sa devancière de l'autre côté des Pyrénées, dans le petit nombre de cités où elle avait action sur les populations urbaines.

La révolution portugaise éclata bientôt après la révolution espagnole, et madame la duchesse de Berri recevait de Naples des nouvelles qui affligeaient en même temps en elle la princesse et la fille. Là aussi, c'était une insurrection militaire qui ouvrait les voies à la révolution, et la constitution espagnole de 1812, complétement inconnue à ceux qui la proclamaient, devenait le drapeau d'un renversement politique. Le général Pépé s'était mis à la tête des régiments révoltés et il avait fait son entrée triomphale à Naples. Naples, qui fait des fêtes de tous les événements, avait entremêlé de ses lazzaroni cette troupe militaire. Cette ville, amoureuse de plaisirs, se rangeait du côté du mouvement et du bruit plutôt que du côté d'une opinion publique : c'était merveille que de voir défiler cet étrange cortége qui se composait de soldats et d'enfants, de lazzaroni et de jeunes filles, de paysans montés sur des ânes, et de quelques moines, au milieu desquels on voyait le chanoine Minichini, en costume ecclésiastique, portant des besicles et un énorme chapeau rond, et saluant à droite et à gauche avec des gestes multipliés, comme s'il eût été le maître des cérémonies de cette révolution, dont il avait été un des plus fougueux promoteurs. On eût dit, à l'aspect de cette troupe bariolée de tant de personnages si divers, voir l'anarchie vivante entrant en personne dans sa capitale. Mais, derrière ces apparences grotesques, il y avait quelque chose de sérieux bien fait pour alarmer madame la duchesse de Berri sur le sort de sa famille. La secte des carbonari, dont la vaste organisation embrassait l'Italie entière et débordait au-delà des Alpes, était la base de ce mouvement. Pépé et ses officiers avaient pris la cocarde tricolore, que la révolution avait adoptée sur tous les points de l'Europe. D'un moment à l'autre l'Italie entière pouvait être en feu. En outre, chose remarquable, les chefs de la junte insurrectionnelle étaient presque tous des anciens partisans de Murat. C'étaient les généraux Parisi et Pépé, M. Delfiro et le chevalier Martucci. L'usurpation, qui vit en bon voisinage avec la révolution, pouvait se montrer à sa suite.

Un courrier de M. le duc de Narbonne, alors ambassadeur près la cour des Deux-Siciles, apporta la première nouvelle de la révolution napolitaine. Il avait des lettres du roi et du prince royal, vicaire-général du royaume, pour sa majesté Louis XVIII, pour madame la duchesse de Berri, madame la duchesse d'Orléans et M. le prince Castelcicala. Les événements de Naples inquiétèrent vivement le château. Tant de liens unissaient les Bourbons des deux branches ! Madame la duchesse de Berri fut douloureusement émue en apprenant que ces mêmes principes qui venaient de trancher l'existence de son mari, menaçaient le pouvoir et peut-être la vie de son père et de son aïeul.

Quant à M. le duc d'Orléans, il s'exprima avec une grande vivacité sur la révolution de Naples. Il appliqua au mouvement insurrectionnel et aux personnages qui avaient figuré comme acteurs dans ces scènes tumultueuses les qualifications les plus sévères, et il fut un des champions les plus décidés d'une compression prompte et vigoureuse. Il ne pouvait concevoir que les états voisins n'intervinssent pas pour rétablir les droits du roi, son beau-père, dépouillé de son autorité par une échauffourée de place publique. Le congrès de Troppau vint bientôt dissiper les alarmes de son altesse sérénissime, et l'intervention autrichienne mit fin aux troubles de l'Italie.

L'intérieur était troublé comme le dehors. Le parti sur lequel M. Decazes s'était appuyé si longtemps voyait que le mouvement d'opinion déterminé par la mort de monseigneur le duc de Berri allait lui arracher les affaires. L'action constitutionnelle lui échappant, il cherchait à exercer une action extra-parlementaire. Des appels à la révolte, à peine déguisés, descendaient de la tribune. M. de Lafayette déployait presque le drapeau tricolore dans des discours où transpirait sa célèbre maxime : *L'insurrection est le plus saint des devoirs*. Une conspiration permanente, ayant un but unique, le renversement de la maison de Bourbon, et se subdivisant en plusieurs complots particuliers dès qu'il s'agissait de décider à qui passerait la puissance, se montrait menaçante sur tous les points et revêtait toutes les formes. Bonapartiste dans les casernes, populaire quand elle parlait aux faubourgs, prêchant les doctrines de souveraineté parlementaire dans les chambres, jetant à la jeunesse, qu'elle proclamait vénérable par la bouche de M. Benjamin Constant, des adulations incendiaires, elle mettait à la fois en avant la démocratie, l'empire, le prince d'Orange, et réunissait, pour ainsi dire, toutes les dates révolutionnaires, 1793, 1800 et 1668, contre cette grande date de Hugues Capet, à partir duquel la maison de Bourbon compte huit siècles de légitimité.

On mettait ses espérances principalement dans un mouvement militaire qui, à Paris, comme à Madrid et à Naples, devait transférer la puissance dans les mains du parti révolutionnaire. Des intelligences avaient été pratiquées dans les régiments; l'argent avait été distribué avec profusion; on avait promis aux soldats des gratifications, aux sous-officiers des grades : éternel mobile des révolutions de camps. La soirée du 19 août avait été marquée d'une manière définitive pour l'exécution du complot. Un officier supérieur devait prendre le commandement de chaque légion, dont le colonel serait arrêté ; Vincennes arborerait le drapeau tricolore; les deuxième et cinquième régiments de la garde seconderaient le mouvement. Un gouvernement provisoire serait établi sur-le-champ et prendrait le pouvoir entre ses mains; on respecterait la vie de tous les membres de la famille royale, à moins qu'ils ne fissent résistance.

M. le baron Mounier, homme d'habileté et de prudence, alors directeur général de la police, dévoila le complot au conseil dans la soirée du 16 août. L'émotion de M. le duc de Richelieu, qui avait succédé à M. Decazes, fut grande. On délibéra longtemps sur la question de savoir si on ne laisserait pas éclater le complot, afin de pouvoir enfin distinguer les ennemis de la maison de Bourbon des sujets fidèles, et voir se produire au grand jour ces inimitiés hypocrites, qui cachaient dans l'ombre la main d'où partaient tous les coups dirigés contre la dynastie. Mais l'humanité royale s'effraya de l'effusion du sang. On aima mieux prévenir le complot qu'avoir à le réprimer. Quand toutes les mesures eurent été prises, et que les arrestations nécessaires furent effectuées, la question d'humanité l'emporta encore sur la question politique. Les principaux adversaires de la maison de Bourbon étaient compromis dans la conspiration du 19 août. Il y avait une liste, à la tête de laquelle on lisait les noms de M. de Lafayette et de plusieurs hauts personnages, dont l'opposition ardente à la royauté légitime était connue. Les indices ne manquaient point pour établir leur complicité. Il fallait décider si leurs noms seraient compris dans l'acte d'accusation. La clémence royale s'étendit sur eux, espérant que leur avenir serait reconnaissant du passé; elle se souvint que ces hommes, coupables dans leur vie politique, étaient honorables dans leur vie privée, et elle voulut épargner à la cité une douleur qu'elle aurait vivement ressentie, et à leurs familles un deuil. Pour le reste des accusés, au lieu de saisir de l'affaire les conseils de guerre, dont la justice prompte et inexorable court, plutôt qu'elle ne marche, à un arrêt sanglant, on préféra la juridiction de la chambre des pairs, qui jugerait avec la modération d'une haute cour politique. Ainsi la clémence royale se montrait là même où paraissait sévir la justice.

Par cette loi naturelle des esprits à laquelle nous avons fait allusion, des tentatives de crimes individuels marchaient de pair avec les agitations publiques. Madame la duchesse de Berri était surtout exposée aux machinations de ces hommes exaltés par l'esprit de parti. Le prince qu'elle pleurait lui écrivait, comme on l'a vu dans une des lettres qui précédèrent son arrivée en France : « Vous êtes la terreur des factieux. » Elle était devenue à cette époque le point de leurs attaques : ils savaient qu'elle portait dans son sein l'avenir de la maison de Bourbon.

Vers les premiers mois de sa grossesse, une pièce d'artifice fut placée sous les croisées de son appartement. On espérait que la terreur que lui inspirerait la détonation déciderait une fausse couche. Madame la duchesse de Berri, en entendant éclater le pétard, dit avec beaucoup de sang-froid : « Ils voudraient » bien m'effrayer, mais ils n'y parvien- » dront pas. »

Peu de temps après, la tentative fut renouvelée. La police était sur ses gardes depuis la dernière explosion. Un des officiers de paix chargés de la surveillance du château vit, vers minuit, un homme s'approcher du guichet voisin des appartements de madame la duchesse de Berri, y déposer un paquet sur lequel il dirigeait un cigare allumé. Aussitôt les inspecteurs et les gendarmes se jetèrent sur cet homme, tandis que l'un d'eux saisit le pétard, et étouffa la mèche déjà enflammée. Le major-général de service interrogea le coupable : il déclara se nommer Gravier. L'instruction fit découvrir que cet homme avait un complice, qui s'appelait Bouton.

Au milieu de toutes ces tentatives la confiance de madame la duchesse de Berri ne cessait point d'être pleine et entière. Plus elle approchait du terme de sa grossesse et plus elle annonçait avec assurance qu'elle mettrait au monde un prince. Elle avait fait vers le mois de mai un rêve qui l'avait vivement frappée et qu'elle avait raconté le lendemain, à son lever, aux personnes de sa maison : « Cette nuit j'étais à l'Élysée, leur dit-elle; je tenais par la main mes deux enfants, ma fille et un jeune prince; j'ai vu alors très-distinctement saint Louis; il voulait couvrir de son manteau royal Mademoiselle; je lui ai aussi présenté mon fils, et le saint roi nous a enveloppés tous les trois dans son manteau, nous a bénis et a couronné mes enfants.»

Ce pressentiment de son cœur, qui était presque devenu une certitude pour sa raison, la soutenait au milieu de toutes les épreuves et lui donnait la confiance que rien de ce que les ennemis de la maison royale tenteraient contre elle pendant sa grossesse ne pourrait prévaloir. On lui représentait un jour qu'il devait lui être pénible de traverser la foule pour aller respirer sur la terrasse du bord de l'eau, et l'on ajoutait qu'elle arriverait plus commodément au but de sa promenade, en traversant les souterrains qui établissent une communication entre la terrasse et le château. « Je ne » veux pas, répondit-elle, ils croiraient » que j'ai peur. » Lorsqu'elle avait appris la révolution de Naples, après le premier moment donné à la douleur, on l'avait entendue s'écrier : « C'est fâcheux, mais » les événements peuvent changer ; » d'ailleurs je porte dans mon sein un » prince qui pourra relever à Naples le » trône de ma famille. »

La France présentait à cette époque un spectacle étrange. D'un côté, un parti ardent s'agitait avec violence et semblait se hâter d'accabler la maison de Bourbon, comme s'il avait prévu un événement qui devait déconcerter toutes ses machinations et ajourner au moins à un terme éloigné le succès de ses longues pratiques. C'étaient des émeutes de chambres et de places publiques, des complots de casernes, des publications haineuses, des tentatives de meurtres. Et d'un autre côté, il y avait, à travers toutes ces agitations, une France fidèle qui, pleine de confiance dans un avenir menacé par tant de périls, et, sous les pas duquel chaque jour jetait une nouvelle embûche, attendait avec sécurité un événement que la Providence semblait devoir aux petits-fils de Saint-Louis.

La naissance d'un prince était déjà presque une réalité, alors qu'elle n'était encore qu'une espérance. Le roi Louis XVIII ayant annoncé que si madame la duchesse de Berri accouchait d'un prince, il porterait le nom de duc de Bordeaux, les halles de cette bonne ville du midi n'envoyèrent-elles pas une députation aux Tuileries, pour remercier le roi de l'honneur fait à leur cité et complimenter madame la duchesse de Berri?

La princesse reçut avec une gracieuse bienveillance cette députation populaire, qui fut aussi accueillie par le reste de la famille royale. Madame Aniche, présidente de la députation, harangua avec cette vivacité spirituelle, particulière à nos provinces méridionales, le roi et madame la duchesse de Berri. Les dames de la halle de Bordeaux, admises avec elle en la présence de la princesse, lui présentèrent *oun brès*, (un berceau) richement décoré, et s'écrièrent toutes à la fois : « Voilà pour coucher notre prince; nous autres femmes nous laverons *sus pernos* (ses langes), et nos hommes veilleront à ce que les jacobins ne l'empêchent pas de dormir. »

Si la princesse avait voulu en croire les instances de la députation bordelaise, elle serait allée faire ses couches à Bordeaux. Ces femmes excellentes lui répétaient qu'elle n'était point en sûreté au milieu d'une ville agitée par tant de troubles. N'était-il pas juste d'ailleurs que le jeune duc naquît dans la ville capitale de son duché ?

Ainsi c'était partout la même confiance. On ne voulait pas admettre que la Providence pût décevoir les espérances, et ne point exaucer les vœux de tout un royaume. Tandis que les dames de Bordeaux présentaient le berceau où l'enfant de leur espoir devait être placé, il arrivait de Béarn la chanson que chanta Jeanne d'Albret, au moment de sa délivrance. à *nouste dame d'ou cap d'oü poun*, (1) à Notre-Dame du bout du pont; et l'on joignait à cet envoi une tête d'ail, sœur ca-

(1) Voici le cantique de Jeanne d'Albret :

Nouste-Dame d'ou cap d'oü poun,
Adyudat-me a daquest' hore,
Pregats a daquest Diou d'oü ceoü,
Qu'em bouille be delioüra leü;
D'u maynat qu'am hassio l'ou doun :
Touts d'inqu'aü haut d'ous mounts l'implore.
Nouste-Dame d'ou cap d'oü poun,
Adyudat-me a daquest'hore.

TRADUCTION LITTÉRALE.

Notre-Dame du bout du pont
Secourez-moi à l'heure qu'il est!
Priez le Dieu qui est au ciel,
Qu'il veuille bien me délivrer tôt;
D'un fils qu'il me fasse don,
Tout jusqu'à la cime des montagnes l'implore.
Notre-Dame du bout du pont,
Secourez-moi à l'heure qu'il est.

dette de celle qui servit à frotter les lèvres viriles de cet autre enfant des montagnes du Béarn, qui devait être Henri IV. La bouteille de vin de Jurançon n'avait point été non plus oubliée. On revenait à cette idée de Henri IV avec une complaisance qui avait quelque chose de remarquable. Il semblait que tout le monde comprît, ceux-ci par instinct, ceux-là par intelligence de la situation, que le prince qui allait naître aurait devant lui des luttes civiles à apaiser, des obstacles à vaincre, des périls à surmonter, une époque de troubles et de passions politiques à fermer. L'imagination publique pourvoyait aux besoins de la France.

La naissance d'un Henri IV lui semblait probable, parce que le génie d'un Henri IV lui paraissait nécessaire.

LIVRE TROISIÈME.

LIVRE TROISIÈME.

Nuit du 29 septembre. — Naissance de monseigneur le duc de Bordeaux. — Le maréchal duc d'Albufera, témoin nommé par le roi. — Courage de madame la duchesse de Berri. — MM. Lainé, Paigné, Dauphinot, Triozon, gardes nationaux, voient l'enfant avant qu'il soit séparé de sa mère. — La famille royale vient féliciter la duchesse. — Le roi donne à sa nièce un bouquet de diamants. — La scène de la naissance de Henri IV aux Tuileries. — Les vingt-quatre coups de canons. — L'illumination de l'Hôtel des Gardes. — La rue de Rivoli à six heures du matin. — L'armée rend sa première visite à monseigneur le duc de Bordeaux. — Paroles de plusieurs soldats. — Réponses de la princesse. — M. le duc d'Orléans aux Tuileries. — Paroles du roi au peuple. — Madame la duchesse de Berri se présente au peuple tenant son fils dans ses bras. — Le meilleur des calmants. — Promotions du cordon bleu. — Poésies. — Récompenses. — Discours du maire au nom du corps diplomatique. — L'enfant de l'Europe. — Plusieurs réponses de madame la duchesse de Berri. — Sa lettre au roi pour demander la grâce de Gravier et de Bouton.

On peut dire que la France fut en travail tant que dura la grossesse de madame la duchesse de Berri. La situation violente que l'on a décrite ne se termina que le 29 septembre. Jusque là, la révolution espéra résoudre à son avantage le problème politique posé entre elle et le gouvernement royal. Après le 29 septembre, tout fut dit. La Providence avait envoyé une solution favorable à la monarchie.

On était au 28 septembre. Toutes les mesures avaient été prises et l'on n'avait omis aucune précaution. La nourrice était au château. C'était madame Bayard, nom d'un favorable augure. Depuis plusieurs jours M. le duc d'Albufera, désigné par le roi pour être témoin de la naissance de l'enfant que mettrait au monde son altesse royale, couchait aux Tuileries. L'intention de madame la duchesse de Berri était de faire placer son lit dans son salon, d'avoir au-dessus de sa tête le portrait de M. le duc de Berri peint par Gérard, et devant ses yeux le tableau de Kinson. Cependant rien n'annonçait encore que l'événement dût être immédiat. Le 28 septembre à neuf heures du soir, le roi avait dit à l'ordre : « Je ne crois pas que madame la » duchesse de Berri accouche avant cinq » où six jours. »

Madame de Vathaire, première femme de chambre de son altesse royale, et madame Bourgeois, femme de chambre ordinaire, venaient de se retirer, lorsque vers deux heures et demie du matin elles furent réveillées par la voix de la princesse. « Madame Bourgeois, disait-» elle, vite, vite, il n'y a pas au moment » à perdre! » Madame de Vathaire courut en toute hâte avertir M. Deneux, madame la duchesse de Reggio, et madame la vicomtesse de Gontaut. Pendant ce temps, madame Bourgeois reçut l'enfant: c'était un prince.

Lorsque M. Deneux entra, madame la duchesse de Berri lui dit: « Monsieur » Deneux, nous avons un prince; je suis » bien, ne vous occupez pas de moi, mais » soignez mon enfant; n'y a-t-il pas du » danger à le laisser dans cet état? »

M. Deneux répondit: « L'enfant est » très-fort, il respire librement, il est si

» bien qu'il pourrait rester ainsi jusqu'à » la délivrance, lors même qu'elle n'ar- » riverait que dans une heure.

» — En ce cas, dit la duchesse, » laissez-le. Je veux qu'on le voie te- » nant encore à moi, qu'il est bien le » mien. »

Elle demanda alors des témoins. Un garde de *Monsieur* se présenta. « Vous ne » pouvez pas, » dit la princesse, » vous » êtes de la maison. Qu'on aille cher- » cher des gardes nationaux. » Pendant qu'elle s'exprimait ainsi, madame de Reggio et madame de Gontaut entrèrent. « C'est Henri! » leur dit madame la du- chesse de Berri.

On admit MM. Lainé, Paigné, Dauphi- not, Triozon-Sadony, gardes nationaux de la 9e légion. « Messieurs, » leur dit la duchesse, « vous êtes témoins que » c'est un prince. Voyez, il n'est point » encore séparé de sa mère. » Elle répéta la même phrase à M. le duc d'Albufera qui arriva quelques minutes après. Et ce ne fut que lorsqu'il eut vu par ses propres yeux ce que lui disait la princesse, que M. Deneux enleva l'enfant.

Le maréchal ne put s'empêcher d'exprimer tout haut l'admiration que lui inspirait un si rare courage.

Cependant la famille royale était arrivée. Cette joie qui lui survenait après tant de douleurs l'avait comme enivrée. Forte contre le malheur, elle n'était point préparée aux événements heureux. L'habitude lui manquait pour supporter le bonheur. *Monsieur*, *Madame*, M. le duc d'Angoulême félicitaient la princesse et se félicitaient entre eux, lorsqu'on annonça le roi.

— « Dieu soit béni ! » s'écria-t-il, vous » avez un fils, » et il remit à sa nièce un magnifique bouquet de diamants, en lui disant : « Ceci est pour vous, et ceci est » pour moi. » En même temps, le roi vénérable prenait dans ses bras l'enfant par qui devait vivre sa race ; puis, faisant apporter la gousse d'ail et le vin de Jurançon, il introduisit le nouveau-né dans son rôle de Henri IV, en lui frottant les lèvres avec l'une et en humectant sa bouche de quelques gouttes de l'autre. L'enfant soutint très-bien cette épreuve et ne forligna point devant la gousse d'ail du Béarnais. « Sire, » dit madame la duchesse de Berri, « je voudrais savoir l'air » de la chanson de Jeanne d'Albret, pour

» que tout se passât ici comme à la nais-
» sance de Henri IV. »

Ce fut une vive et profonde sensation dans Paris, quand on entendit les vingt-quatre coups de canon qui annonçaient la naissance d'un prince. En face de la sombre nuit du 13 février, apparaissait la nuit du 29 septembre, étincelante de ses joies. Si la première avait noyé la France dans le deuil et menacé la maison de Bourbon d'une fin prochaine ; la seconde répandait partout l'allégresse et rallumait ce grand flambeau qui, après avoir éclairé pendant huit siècles toutes les fortunes de la France, semblait au moment de s'éteindre. Le berceau du 29 septembre rendait ce que la tombe du 13 février paraissait avoir dévoré pour jamais.

En même temps que le fracas du canon annonçait à la ville capitale qu'il était né un enfant à cette race guerrière, dont la forte épée tailla peu à peu à la France une large place sur la carte de l'Europe, on voyait çà et là la nuit s'illuminer pour ainsi dire d'elle-même sur plusieurs points de la capitale. C'étaient les casernes qui célébraient la naissance d'un soldat de plus. L'armée était la première à fêter le jeune prince à son entrée dans la vie. Ne savait-elle pas que sous la naissance d'un Bourbon, il y a toujours des victoires?

Il était six heures du matin. Déjà des groupes nombreux s'étaient formés sous les fenêtres de madame la duchesse de Berri. La famille royale vivait ce jour-là avec la France en famille : de temps à autre, on montrait l'enfant à travers les vitres des croisées; puis, on voyait une blanche figure de femme en habillement de nuit passer et repasser devant les fenêtres, c'était madame la duchesse d'Angoulême. Cette famille avait été surprise par son bonheur dans le sommeil, comme elle avait été naguère surprise par la sanglante catastrophe. C'était la veille de la joie après la veille du deuil. La rue de Rivoli offrait un singulier spectacle. Les inconnus s'y connaissaient, et toute la ville était là à moitié vêtue, croyant continuer son rêve sous les croisées de cet appartement dans lequel était contenu l'avenir de la France. C'était une de ces rares journées où les nations sont véritablement nations; parce qu'elles ont la même pensée dans la tête et le même sentiment au cœur. L'unité nationale, cette admirable fiction, était une réalité ce jour-là; il n'y avait qu'une idée qui était à la fois celle de chacun et celle de tous.

Madame la duchesse de Berri donna ordre de laisser entrer dans sa chambre tout ce qu'il y avait de militaires. Il s'agissait de visiter le fils de Henri IV et de Louis XIV, la gloire ne devait-elle point avoir un droit de préséance?

Il y eut de touchantes paroles de dites, de ces paroles militaires qui portent bonheur à un berceau.

« Je te bénis, lui dit un vieux grenadier et je fais un engagement de six ans de plus. » C'était un Vendéen qui avait servi sous M. de Lescure et sous Cathelineau.

Un soldat couvert de blessures et ayant trois chevrons s'écrie avec tristesse. « Ah! mon prince, pourquoi suis-je si vieux! Je ne pourrai pas servir sous vos ordres. »

Madame lui répondit: « Rassure-toi, mon brave, il commencera de bonne heure. »

« Il est bien l'enfant de l'armée, celui-là, » dit un autre soldat, « il est né au milieu des sabres et des bonnets de grenadiers, et c'est mon capitaine qui a été sa première berceuse. »

Dès cinq heures du matin, le roi avait fait part à sa bonne ville, représentée par le préfet de la Seine et les douze maires, du bonheur qui venait de lui arriver. « Très-chers et bien-aimés, était-il dit dans le message, la naissance d'un prince que la duchesse de Berri, notre très-chère nièce, vient de mettre au jour, est un événement si conforme à nos désirs et aux vœux de nos sujets, que nous croyons ne pouvoir en donner trop tôt connaissance à ceux de notre bonne ville de Paris, connaissant leur amour pour nous et leur attachement au bien de l'état.»

A neuf heures et demie, les princes et les princesses du sang, parmi lesquels on remarquait toute la famille d'Orléans, vinrent présenter leurs félicitations à madame la duchesse de Berri; à onze heures il y eut grande réception dans les salons des Tuileries, et la foule était si grande que le roi eut de la peine à traverser les rangs pressés pour se rendre à la chapelle, où il alla avec toute la famille royale rendre grâce à Dieu de ce mémorable événement. En revenant de la messe, le roi se présenta, entouré de sa famille, sur le balcon qui domine les jardins. Les Tuileries disparaissaient sous la foule qui les remplissait; une acclamation immense s'éleva à la vue du roi,

Alors Sa Majesté fit signe qu'elle voulait parler. « Mes amis, dit-elle au milieu du profond silence qui s'établit aussitôt, votre joie centuple la mienne. Il nous est né un enfant à tous. Cet enfant deviendra un jour votre père, il vous aimera comme je vous aime, comme vous aiment tous les miens. »

Dans l'après-midi, madame la duchesse de Berri voulut se lever afin de présenter son fils au peuple. Les médecins eurent beaucoup de peine à la dissuader de cette résolution. Le cœur des mères a des instincts prophétiques. Elle semblait sentir la nécessité de faire adopter par le peuple l'orphelin à qui le poignard du 13 février n'avait point laissé de protecteur. Elle espérait créer ainsi entre lui et la nation un de ces pactes plus solides que ceux au bas desquels on lit de hautes et puissantes signatures. Obligée de céder aux sollicitations des personnes qui l'entouraient, elle voulut au moins qu'on roulât son lit jusqu'à la fenêtre, et là, se soulevant à demi, elle se montra à la population immense qui se pressait sous ses croisées, tenant son fils dans ses bras. L'enthousiasme fut grand à cette vue. Par deux fois madame la duchesse de Berri voulut renouveler cette scène. Elle trouvait les forces qui lui manquaient dans son courage et dans sa joie. Comme à la seconde de ces deux présentations elle éprouvait une espèce de défaillance, on lui présenta une potion calmante. « Merci, » dit-elle en saluant la foule les acclamations montaient vers elle, « Ce bruit là est le meilleur calmant. »

L'expression de la joie fut aussi vive et aussi générale que la joie elle-même, dans Paris et dans toutes les villes du royaume. Madame la duchesse de Berri se montra à la hauteur de ses prospérités comme elle avait été au niveau de son malheur. On ne rapportera point ici ces adresses et ces félicitations officielles, qui ne sont que trop souvent le monument de l'adulation de ceux qui les offrent et de la crédulité de ceux qui les accueillent, espèce de billets à ordre de la politique, souscrits au profit des pouvoirs debout, et que l'ingratitude refuse d'acquitter dans les mains des pouvoirs tombés. Mais on entendit dans cette occasion des paroles et l'on vit des actes qui avaient plus de sens et de portée.

Le roi fit une promotion de cordons bleus qui montra les vieilles illustrations et les illustrations nouvelles confondues dans la même récompense. Louis XVIII fêtait la naissance du prince destiné à clore une époque de troubles et de divisions, en marquant par un acte solennel, en face de son berceau, l'égalité des honneurs devant l'égalité des gloires (1).

(1) Les lettres n'oublièrent point la naissance de monseigneur le duc de Bordeaux, et ne furent point oubliées dans la distribution des faveurs et des grâces.

Les poètes et les chansonniers célébrèrent cet événement mémorable, et madame la duchesse de Reggio distribua, au nom de S. A. R. madame la duchesse de Berri, des médailles d'honneur à MM. Victor Hugo, Mely-Janin; puis à MM. Alissan de Chazet, Michelet, Desaugiers, Gentil, Crosnier et Merle. M. Alissan de Chazet avait déjà reçu par les mains de madame la duchesse de Reggio une médaille d'or sur laquelle était gravée l'image de M. le duc de Berri; c'était un témoignage de la haute satisfaction avec laquelle la princesse avait lu l'*éloge historique* de M. le duc de Berri, composé par M. de Chazet, et dédié par lui à la princesse. La lettre suivante était jointe à cet envoi: « J'avais déjà eu l'honneur

Lorsque le nonce, portant la parole au nom du corps diplomatique, vint féliciter le roi, il prononça ce discours en montrant le duc de Bordeaux : « Voi-
» ci le grand bienfait que la Providence
» la plus favorable a daigné accorder à
» la tendresse paternelle de Votre Ma-

de vous dire, monsieur, combien madame la duchesse de Berri avait été touchée des sentiments qui vous ont fait en-
» treprendre le travail que vous lui aviez dédié. C'est main-
» tenant sur le résultat que je viens vous adresser les remer-
» ciements de son altesse royale. Vous avez non pas surpassé
» son attente, elle savait bien que vous traiteriez ce sujet avec
» âme et délicatesse ; mais vous avez rempli ses désirs. En
» cherchant dans sa pensée quelle serait la marque de sou-
» venir qu'elle pourrait vous adresser, son altesse royale a
» cru trouver dans l'image du prince ce qui pourrait vous être
» le plus agréable, et voulant que cette preuve de satisfaction
» soit inaltérable, son altesse royale a fait frapper pour vous
» la médaille ci-jointe.

» Agréez, etc.

» La maréchale OUDINOT, duchesse de REGGIO. »

» jesté. Cet enfant de douleurs, de sou-
» venirs et de regrets, est aussi l'enfant
» de l'Europe. Il est le présage et le
» garant de la paix et du repos qui doi-
» vent suivre tant d'agitations. »

Cette phrase était remarquable. Le corps diplomatique sentait que la maison de Bourbon assurait non-seulement la paix de la France, mais la paix du monde. Ce faible enfant, c'était un grand principe. La branche cadette, dont le nom avait été mêlé aux souvenirs sanglants de la révolution, ne promettait les mêmes garanties de stabilité, ni à la France ni aux contrées monarchiques qui l'entouraient. On savait que cette France était si puissante, qu'elle ne pouvait être tourmentée par une crise révolutionnaire, sans qu'il y eût autour d'elle un vaste tremblement de trônes, et les plus grands monarques venaient, pour ainsi dire, mettre leurs couronnes sous la protection de ce berceau. Toutes les lettres des souverains exprimèrent la même pensée. L'empereur Alexandre écrivait au roi de France: « La naissance du duc de Bordeaux » est un événement que je regarde comme très-heureux pour la paix de l'Eu» rope, et qui porte de justes consola» tions au sein de votre famille. Je prie » Votre Majesté de croire que je ratifie » le titre d'enfant de l'Europe, dont on » a salué M. le duc de Bordeaux. »

Lorsque madame la duchesse de Berri fut remise des fatigues de cette journée de souffrances et de bonheur, elle reçut à son tour les députations et les félicitations de la France et de l'Europe. Ses paroles furent simples, pleines de naturel et de dignité. Elle dit à M. de Chabrol, qui la complimentait au nom du corps municipal : « Je suis bien touchée » des sentiments que vous m'exprimez » au nom des magistrats de la ville de » Paris ; cet enfant est né parmi vous, » qu'il vous soit cher. La joie que les » Français ont manifestée à sa naissance » a été le seul adoucissement que j'aie » encore éprouvé dans ma douleur. » Elle répondit au corps diplomatique : « Je remercie les souverains des senti» ments que vous venez de m'exprimer ; » je suis fière du titre que vous avez » donné à mon fils, de *l'enfant de l'Eu» rope.* » Quand elle reçut le conseil des ministres, elle s'exprima, ainsi : « Je suis » bien aise de vous voir, messieurs, pour » vous dire que je suis sensible à la part » que vous avez prise à mes chagrins.

» Le ciel a eu pitié de moi. Voilà mon
» fils. Je le recommande à la France et
» à vous, messieurs. Ce sera pour moi
» une tâche bien douce que celle de le
» rendre digne de la France et des senti-
» ments qui ont été exprimés générale-
» ment lors de sa naissance. »

Une dernière démarche couronna toute la conduite que Madame la duchesse de Berri avait tenue dans cette occasion mémorable. Bouton et Gravier, qui avaient, comme on l'a dit, fait une tentative contre sa personne, furent condamnés à mort par les assises. La princesse demanda et obtint leur grâce par la lettre suivante adressée à Louis XVIII.

« Sire, comme je ne puis voir le roi aujourd'hui, je lui écris pour lui demander la grâce de deux malheureux qui ont été condamnés à mort, hier, pour tentative contre ma personne. Je serais au désespoir qu'il pût y avoir des Français qui mourussent pour moi: l'ange que je pleure demandait en mourant la grâce de son meurtrier; il sera l'arbitre de ma vie; me permettez-vous, mon oncle, de l'imiter, et de supplier Votre Majesté d'accorder la grâce de la vie à ces deux infortunés? L'auguste exemple du roi nous a habitués à la clémence; daignera-t-il permettre que les premiers instants de l'existence de mon Henri, de mon cher fils, du vôtre, du fils de la France, soient marqués par un pardon? Excusez, mon cher oncle, la liberté que j'ose prendre de vous ouvrir mon cœur; dans toutes les occasions votre indulgente bonté m'y a encouragée. Je supplie le roi d'excuser ma hardiesse, et de croire au respect aussi profond que les sentiments avec lesquels je suis de Votre Majesté la très-humble et très-obéissante et très-soumise nièce.

CAROLINE. »

C'était là un beau commentaire de la belle parole prononcée au lit de mort du 13 février. « Sire, grâce pour l'homme ! »

LIVRE QUATRIÈME.

LIVRE QUATRIÈME.

Conséquences politiques de la naissance de M. le duc de Bordeaux. — Protestation insérée au *Morning Chronicle.* — M. le duc d'Orléans au château. — Question de ce prince à M. le duc d'Albuféra. — Les ennemis de la maison de Bourbon vaincus dans la sphère constitutionnelle. — Effet produit par la conduite de madame la duchesse de Berri. — Position nouvelle de la dynastie. — Revirement des esprits en faveur de la Restauration. — M. de Lamartine et Victor Hugo, poëtes de M. le duc de Bordeaux. — La maison de M. le duc de Berri devient celle de son fils. — Le baptême. — Cérémonies et réjouissances. — Aumônes. — Les deux noms de M. le duc de Bordeaux. — Nouvelle de la mort de Napoléon. — Dignité de la famille royale. — Le général Rapp. — Chambord. — Origine de la souscription. — Pourquoi elle était vue peu favorablement au château. —

MADAME est elle-même trompée. — Son entrevue avec une personne qui, revenant de Chambord, rectifie ses idées. — Chambord et la fleur de lis colossale. — Détails sur le château et ses divers hôtes. — Il est acquis au nom de M. le duc de Bordeaux. — François Ier, Louis XIV. — Adresse de la ville de Caen.

La naissance de M. le duc de Bordeaux devait avoir des conséquences immenses. Il était naturel que les passions qu'elle blessait et que les intérêts dont elle déconcertait les calculs, vissent avec peine cet événement décisif, qui semblait affermir à jamais la couronne sur la tête des Bourbons. L'histoire n'a pas d'évidence assez forte contre ces incrédulités malveillantes, chez lesquelles c'est un parti pris de révoquer en doute tout ce qui leur est nuisible. Certes la naissance royale de M. le duc de Bordeaux, qui demeura pendant une heure entière attaché à sa mère, et cela sous les yeux de plusieurs témoins pris dans les rangs de la garde nationale et dans toutes les classes de la société, est le fait le plus authentique de l'histoire moderne. Mais les passions sont aveugles, et les aveugles nient l'authenticité du soleil.

Une protestation parut dans le *Morning Chronicle*. On y disait qu'il y avait eu substitution d'enfant dans la nuit du 29 septembre. Cette protestation fut attribuée par quelques personnes à M. le duc d'Orléans. Dès que le journal anglais fut arrivé à Paris, son altesse sérénissime se rendit en toute hâte au château. Le roi la reçut avec sévérité; mais le duc se défendit avec tant de chaleur contre tout soupçon d'une complicité déshonorante dans la publication de cette odieuse pièce, que sa majesté dut croire à la sincérité de ses paroles. M. le duc d'Orléans savait parfaitement à quoi s'en tenir sur la fable de cette substitution. Le jour même de la naissance de M. le duc de Bordeaux, son altesse sérénissime avait fait auprès de M. le duc d'Albuféra une démarche qui ne pouvait lui laisser aucun doute.

« — M. le maréchal, » lui avait-elle dit, « je connais votre loyauté, vous avez été témoin de l'accouchement de madame la duchesse de Berri, est-elle réellement mère d'un prince? »

M. le duc d'Albuféra avait répondu :

« — Aussi réellement que votre altesse est père de M. le duc de Chartres.

— Cela me suffit, monsieur le maréchal. » Telle avait été la conclusion de cet entretien, après lequel M. le duc d'Orléans put présenter à sa nièce des félicitations qui, au mérite d'être vives et empressées, joignaient sans doute celui d'être sincères.

On l'a dit, c'était un grand événement que la naissance de M. le duc de Bordeaux. Cet enfant, dans lequel la maison de Bourbon et tous ceux qui lui étaient dévoués voyaient un avenir, commençait son existence par préserver le présent d'une ruine qui paraissait prochaine. Les dix années que vécut encore la restauration, elle les prit dans ce berceau. Les opinions hostiles furent vaincues dans la sphère constitutionnelle, il y eut une chambre monarchique et un cabinet royaliste. On sait que l'avénement de M. de Villèle fut, un peu plus tard, la suite du mouvement politique auquel la naissance de M. le duc de Bordeaux avait donné l'impulsion. Il y eut en France un vaste revirement dans les esprits. La mort du père avait ému et frappé; la naissance du fils acheva de tourner l'opinion en faveur de la dynastie régnante. Après tant d'infortunes, un rayon de bonheur luisait enfin pour la maison de Bourbon, et il y a quelque chose de magique dans le bonheur.

Et puis, il faut le dire, le courage dont Madame la duchesse de Berri avait fait preuve dans la nuit du 13 février, la conduite qu'elle avait tenue dans la journée du 29 septembre, l'énergie maternelle avec laquelle elle avait supporté toutes ses souffrances pour que l'état de son fils, constaté par tant de témoins, devînt inattaquable; la situation nouvelle de cette antique dynastie qui, en rentrant dans le passé, devait laisser derrière elle une femme et un enfant, il y avait dans tout cet ensemble quelque chose qui remua vivement les esprits, et qui produisit un enthousiasme universel.

Quand les sentiments de la nature pénètrent dans le domaine de la politique, ils y exercent une grande influence. C'est ainsi qu'on a vu, dans notre histoire, des régences glorieuses et respectées au milieu d'époques de troubles et de passions. On dirait que le principe monarchique, fatigué de sa longue route a quelquefois besoin de s'appuyer sur le bras d'une femme. Les mères comprennent la mère, et les enfants l'admirent, et il se trouve que les femmes sauvent la patrie, et relèvent la fortune de l'état. Il se passa quelque chose de pareil à cette époque. Madame la duchesse de Berri avait rajeuni avec sa jeunesse une cause qu'on représentait comme vieillie, et l'on eût dit que toutes les tempêtes allaient s'apaiser devant ce symbole qui a toujours parlé au cœur et à l'esprit des peuples : une femme penchée sur le berceau d'un enfant.

Ajoutez à cela que la restauration, mettant toujours les souffrances et les misères de moitié dans ses joies, la naissance de M. le duc de Bordeaux avait été le signal d'innombrables largesses. Le roi, MONSIEUR, madame la duchesse de Berri, tous les princes, avaient ainsi célébré l'heureux événement du 29 septembre. On peut dire de la branche aînée de la maison de Bourbon, ce que Bossuet disait de Henriette d'Angleterre : « Elle croyait perdre ce qu'elle » ne donnait pas. »

On semblait donc entrer dans une carrière nouvelle. Un journal (1) dont le dévouement à la branche aînée de la maison de Bourbon était grand, n'était que l'organe de la majorité immense des esprits, en s'exprimant ainsi au sujet de cette naissance illustre : « Jeune en- » fant, objet de tant d'amour et de vœux, » puissiez-vous avoir les qualités aima- » bles de votre père, sa bonté, sa bien- » faisance et son affabilité ! mais puisse » votre destinée être plus heureuse ! Vous » nous apparaissez dans nos orages poli- » tiques, comme l'étoile apparaît en » dernier signe d'espérance au matelot » battu par la tempête. Qu'autour de

(1) *Le Journal des Débats.*

» votre berceau viennent se rallier les
» efforts des gens de bien ! contre ce
» berceau sacré que tous les efforts des
» méchants viennent échouer ! Croissez
» pour imiter les vertus de la noble fa-
» mille qui vous entoure ! croissez pour
» consoler une mère qui vous a conçu
» dans la douleur ! croissez pour rendre
» heureux un peuple qui vous reçut avec
» tant de joie. »

Tout semblait suivre l'impulsion de ce revirement royaliste, et la Société des bonnes lettres qui, placée sous la haute protection de la famille royale, jetait à cette époque un vif éclat, montrait les richesses et les espérances de la littérature, rassemblées dans les mêmes voies. M. de Chateaubriand avait couvert cette société de la gloire de son grand nom. Messieurs de Lamartine,

Victor Hugo (1), Soumet, Ancelot, y étaient entrés après lui, et M. Villemain promettait à la chaire d'éloquence qu'on y avait élevée, le secours de sa

(1) La naissance de M. le duc de Bordeaux fut célébrée par ces deux poëtes. Voici leurs odes.

LA NAISSANCE DU DUC DE BORDEAUX.

O joie! ô triomphe! ô mystère!
Il est né l'enfant glorieux,
L'ange que promit à la terre
Un martyr partant pour les cieux!
L'avenir voilé se révèle :
Salut à la flamme nouvelle
Qui ranime l'ancien flambeau!
Honneur à ta première aurore,
O jeune lis qui viens d'éclore,
Tendre fleur qui sors d'un tombeau.

C'est *Dieu qui l'a donné*, le Dieu de la lumière!
La cloche, balancée autour du sanctuaire
Comme aux jours du repos, y rappelle nos pas.
C'est *Dieu qui l'a donné*, le Dieu de la victoire!

spirituelle et abondante parole. C'était là aussi qu'on voyait M. de Lacretelle émouvoir par ses improvisations pleines de larmes et toutes chaudes d'un ardent

Chez les vieux martyrs de la gloire,
Les canons ont tonné comme aux jours des combats.
Ce bruit si cher à ton oreille,
Joint aux voix des temples bénis,
N'a-t-il donc rien qui te réveille,
O toi qui dors à Saint-Denis?
Lève-toi! Henri doit te plaire
Au sein du berceau populaire;
Accours, ô père triomphant!
Enivre sa lèvre trompée,
Et viens voir si ta grande épée
Pèse aux mains du royal enfant.

Honneur au rejeton qui deviendra la tige!
Henri, nouveau Joas, sauvé par un prodige,
A l'ombre de l'autel croîtra vainqueur du sort;
Un jour, de ses vertus notre France embellie
A ses sœurs, comme Cornélie,
Dira : Voilà mon fils! c'est mon plus beau trésor.

royalisme, un brillant auditoire accouru pour l'entendre.

MADAME n'eut point à former une maison à son fils. Le 14 février son al-

O toi de ma pitié profonde
Reçois l'hommage solennel,
Humble objet des regards du monde,
Privé du regard paternel,
Puisses-tu, né dans la souffrance,
Et de ta mère et de la France
Consoler la longue douleur !
Que le bras divin t'environne,
Et puisse : ô Bourbon, la couronne
Pour toi ne pas être un malheur !

Oui, souris, orphelin, aux larmes de ta mère !
Écarte, en te jouant, ce crêpe funéraire
Qui voila ton berceau des couleurs du cercueil ;
Chásse le noir passé qui nous attriste encore;
Sois à nos yeux comme une aurore,
Rends le jour et la joie à notre ciel en deuil.

Ivre d'espoir, ton roi lui-même,
Consacrant le jour où tu nais,

tesse royale MONSIEUR avait promis à tous les officiers de la maison de monseigneur le duc de Berri, que, si madame la duchesse de Berri accouchait d'un

T'impose, avant le saint baptême,
Le baptême du Béarnais.
La veuve t'offre à l'orpheline;
Vers toi conduit par l'héroïne,
Ton aïeul vient en cheveux blancs;
Et la foule bruyante et fière
Se presse à ce Louvre où naguère,
Muette, elle entrait à pas lents.

Guerriers, peuple, chantez; Bordeaux, lève la tête,
Cité qui, la première aux jours de la conquête,
Rendue aux fleurs de lis, as proclamé ta foi!
Et toi que le martyr aux combats eût guidée,
Sors de ta douleur, ô Vendée!
Un roi naît pour la France, un soldat naît pour toi.

Rattachez la nef à la rive:
La veuve reste parmi nous,
Et de sa patrie adoptive
Le ciel lui semble enfin plus doux.

prince, ils reprendraient leurs fonctions dans sa maison. Le 29 septembre, son altesse royale les fit entrer dans son cabinet et leur dit : « Mes amis, je vous an-
» nonce avec plaisir que vous êtes au

L'espoir à la France l'enchaîne :
Aux champs où fut frappé le chêne
Dieu fait croître un frêle roseau.
L'amour retient l'humble colombe.
Il faut prier sur une tombe,
Il faut veiller sur un berceau.

Nous, ne craignons plus les tempêtes ;
Bravons l'horizon menaçant :
Les forfaits qui chargeaient nos têtes
Sont rachetés par l'innocent.
Quand les nochers dans la tourmente
Jadis voyaient l'onde écumante
Entr'ouvrir leur frêle vaisseau,
Sûrs de la clémence éternelle,
Pour sauver la nef criminelle,
Ils y suspendaient un berceau.

Victor Hugo.

» service de monseigneur le duc de » Bordeaux ; je suis bien sûr que vous » serez aussi tendrement attachés au » fils que vous l'étiez au père. » M. de

ODE DE M. DE LAMARTINE.

Il est né l'enfant du miracle,
Héritier du sang d'un martyr ;
Il est né d'un tardif oracle,
Il est né d'un dernier soupir !
Aux accents du bronze qui tonne,
La France s'éveille et s'étonne
Du fruit que la mort a porté :
Jeux du sort ! merveilles divines !
Ainsi fleurit sur des ruines
Un lis que l'orage a planté.

Il vient quand les peuples, victimes
Du sommeil de leurs conducteurs,
Errent au penchant des abîmes,
Comme des troupeaux sans pasteurs.
Entre un passé qui s'évapore,
Vers un avenir qu'il ignore,

Nantouillet, auquel le père avait adressé ses suprêmes paroles, fut premier gentilhomme de la chambre du fils; madame de Gontaut conserva son titre de gou-

L'homme nage dans un chaos;
Le doute égare sa boussole:
Le monde attend une parole,
La terre a besoin d'un héros!

Courage! c'est ainsi qu'ils naissent,
C'est ainsi que, dans sa bonté,
Un Dieu les sème: ils apparaissent
Sur des jours de stérilité.
Ainsi dans une sainte attente,
Quand des pasteurs la troupe errante
Parlait d'un Moïse nouveau;
De la nuit déchirant le voile,
Une mystérieuse étoile
Les conduisit vers un berceau.

Sacré berceau, frêle espérance
Qu'une mère tient dans ses bras,
Déjà tu rassures la France!
Les miracles ne trompent pas.

vernante des enfants de France, et en exerça les fonctions auprès du jeune prince.

La cérémonie du baptême de mon-

Confiante dans son délire,
A ce berceau déjà ma lyre
Ouvre un avenir triomphant;
Et comme ces rois de l'aurore,
Un instinct, que mon âme ignore,
Me fait adorer un enfant.

Jeté sur le déclin des âges,
Il verra l'empire sans fin,
Sorti de glorieux orages,
Frémir encor de son déclin.
Mais son glaive, au champ de victoire,
Nous rappellera la mémoire
Des destins promis à Clovis,
Tant que le tronçon d'une épée,
D'un rayon de gloire frappée,
Brillerait aux mains de ses fils.

Sourd aux leçons efféminées
Dont le siècle aime à les nourrir,

seigneur le duc de Bordeaux et les fêtes publiques par lesquelles on devait célébrer sa naissance, avaient été remises par le Roi au mois de mai suivant. Il

Il saura que les destinées
Font roi pour régner ou mourir :
Que des vieux héros de sa race
Le premier titre fut l'audace,
Et le premier trône un pavois ;
Et qu'en vain l'humanité crie,
Le sang versé pour la patrie
Est toujours la pourpre des rois !

Il saura qu'aux jours où nous sommes,
Pour vieillir au trône des rois,
Il faut montrer aux yeux des hommes
Les vertus auprès de ses droits ;
Qu'assis à ce degré suprême,
Il faut s'y défendre soi-même
Comme les dieux sur leurs autels,
Rappeler en tout leur image,
Et faire adorer le nuage
Qui les sépare des mortels.

aimait cet anniversaire, c'était celui de son entrée en France, et il semblait que la famille royale fût une seconde fois rentrée en possession du palais de ses pères et de la patrie de ses aïeux, par la naissance de ce merveilleux enfant, que la Providence lui avait envoyé pour consoler ses douleurs et renouveler la tige royale tranchée par le couteau du 13 février.

Les pompes de Notre-Dame furent ad-

Au pied du trône séculaire
Où s'assied un autre Nestor,
De la tempête populaire
Le flot calme murmure encor;
Ce juste, que le ciel contemple,
Lui montrera, par son exemple,
Comment, sur les écueils jeté,
On élève sur le rivage,
Avec les débris du naufrage,
Un temple à l'immortalité!

mirables. C'était un grand et sublime spectacle que celui de toute cette famille demandant à Dieu de bénir son jeune et dernier rejeton, cette frêle espérance qui venait de fleurir sur un tombeau. Madame la duchesse de Berri, toute pleine de ses joies maternelles et fière des grandes destinées que la France et l'Europe prévoyaient pour son fils, assistait avec la famille royale à cette cérémonie. Ce furent leurs altesses royales MONSIEUR, comte d'Artois, et MADAME, duchesse d'Angoulême, qui tinrent le jeune prince sur les fonts ; ils représentaient le roi et la princesse héréditaire des Deux-Siciles (1).

Les réjouissances à l'occasion du baptême furent brillantes. Il y eut de nom-

(1) Le baptême du duc de Bordeaux eut lieu le 1er mai 1821.

breuses promotions dans l'armée. Le matin le Champ-de-Mars vit une superbe revue, et le soir la ville de Paris donna à madame la duchesse de Berri une fête magnifique, qui fut honorée de sa présence et de celle de toute la famille royale, à l'exception du roi que le mauvais état de sa santé empêcha de s'y rendre (1). Des orphelines dotées, des pauvres secourus, des prisonniers délivrés, complétèrent ces joies des heureux de la terre. Madame la duchesse de Berri avait gardé les habitudes de bienfaisance qu'elle avait contractées pendant les courtes années de son mariage. Toutes les fois que le ciel lui envoyait des pros-

(1) L'intermède représenté dans la grande salle de L'hôtel-de-Ville par les premiers acteurs des différents théâtres de Paris était, pour les paroles, de M. Alissan de Chazet, et pour la musique, de MM. Boieldieu et Berton.

pérités, elle les partageait avec ceux qui souffraient; en outre elle avait maintenu sur le budget de ses dépenses l'espèce de liste civile que les indigents touchaient chaque année pendant la vie de son mari. Les pauvres pleurèrent M. le duc de Berri, mais ils ne s'aperçurent pas de sa mort.

Le jeune prince fut nommé Henri-Dieudonné. Le second de ces deux noms était l'expression religieuse du sentiment de reconnaissance qui animait la nation; le premier exprimait ses espérances politiques.

Quelques mois après le baptême de M. le duc de Bordeaux, une grande nouvelle arriva en Europe; Napoléon était mort (1). C'était chose remarquable que

(1) La nouvelle de la mort de Napoléon arriva le 5 juillet.

cette mort si rapprochée de cette naissance, et cette tombe qui s'ouvrait sur le rocher de Sainte-Hélène pendant que ce berceau chargé d'espérances apparaissait dans les Tuileries. Il semblait que la coïncidence de ces deux événements vînt apprendre au monde que les principes d'une société sont plus forts que le génie d'un homme, parce que les principes, comme le soleil, voient toujours une nouvelle aurore succéder à chaque déclin, tandis que le génie est un astre éphémère qui n'a qu'une aurore et qu'un couchant.

La famille royale montra une gravité pleine de convenance en apprenant la mort d'un homme qui, pendant tant d'années, avait prolongé son exil, et dont le nom servait encore de drapeau à toutes les conspirations. Elle ne se livra pas à une cruelle joie, et elle respecta les pieuses tristesses des vieux compagnons d'armes du grand capitaine qui venait de terminer, au milieu des tumultes de l'Océan, une vie si inquiète et si agitée. Le général Rapp, qui avait une charge au château, ne dissimula point sa douleur. Le roi raconta lui-même, à l'ordre, qu'on avait vu ses yeux mouillés de larmes. « Il est venu aujourd'hui, ajouta-t-il, et je lui ai dit que sa conduite en cette circonstance m'était une nouvelle garantie de ses sentiments. »

Parmi les faits qui marquèrent la vive impulsion donnée aux opinions royalistes par la naissance de M. le duc de Bordeaux, il en est un que l'on a dû réserver pour en parler à part et avec plus de détails, c'est la souscription de Chambord.

Peu de jours s'étaient écoulés depuis la naissance de Henri-Dieudonné, lorsque la proposition d'offrir Chambord à l'enfant royal au nom de toutes les communes du royaume fut mise en avant par M. de Calonne, ancien officier, fourrier des logis de la maison du roi. « Dans ce moment, écrivait-il, où S. A. R. monseigneur le duc de Bordeaux, ce fils de la France, repose dans le berceau offert par la cité fidèle du 12 mars, je propose que le château et le domaine de Chambord, unique monument encore entier du siècle de François Ier, soient achetés au nom des quarante mille municipalités du royaume; que ce monument, le seul qui soit échappé intact au vandalisme révolutionnaire, prenne le nom du prince objet de nos plus chères espérances, et lui soit donné en apanage. »

On peut dire que les communes se levèrent toutes à la fois pour répondre à cet appel. Les listes se couvrirent de noms, et bientôt la commission des souscripteurs répondit dans une première adresse : « Oui, le prince auguste, objet de nos regrets, nous a légué son fils; Henri-Dieudonné est destiné par la Providence à réparer nos maux. Nous l'avons reçu avec transport, nous voulons le doter, afin de prouver à nos amis comme à nos ennemis que ce jeune prince, qui doit régner sur nous, n'aura que des sujets fidèles, fiers de le servir, empressés de le défendre. C'est sur son berceau que nous lui jurons amour et dévouement et que nous serons heureux d'en déposer le gage. »

Ainsi il se trouvait que la naissance de M. le duc de Bordeaux, qui semblait destinée à tout préserver autour d'elle, allait aussi sauver Chambord menacé de tomber sous le marteau vandale de la bande noire.

Ce noble château, construit par les ordres de François 1er, et sous la direction du Primatice, qui pendant plus de douze ans y avait employé dix-huit cents ouvriers, après avoir été successivement l'asile du roi Stanislas et de ses malheurs, l'apanage du maréchal de Saxe et de sa gloire, avait été donné en dernier lieu par Napoléon au prince de Wagram, à condition que la dotation qui lui était en même temps accordée serait affectée à la restauration du château et du parc, restauration qui devait entraîner une dépense de trois millions. Le prince de Wagram n'avait point rempli les intentions du donateur, et, après sa mort, la princesse sa veuve demanda au roi Louis XVIII l'autorisation de vendre Chambord. L'autorisation fut accordée, M. le baron Louis étant ministre des finances; et déjà la bande noire, qui faisait alors la guerre aux châteaux avec le marteau, comme la révolution la leur avait faite avec la torche, se préparait à dépecer cette royale proie. Le chef-d'œuvre du Primatice devait être vendu à la toise, ainsi qu'on vend un champ de terre à l'arpent, et la France allait voir disparaître ce château, qui était une de ses gloires.

Sur une lettre adressée par M. de Calonne à madame de Wagram, la vente fut suspendue jusqu'au cinq mars de l'année 1821. Ces cinq mois suffirent pour mettre la commission des souscripteurs en position de se présenter aux enchères. Cependant, loin de rencontrer appui dans les hommes qui occupaient le pouvoir, elle n'avait au contraire trouvé chez eux qu'indifférence et même mauvaise volonté. M. le comte Siméon, alors ministre de l'intérieur, fit un rapport au roi contre la souscription destinée à subvenir à l'acquisition de Chambord. En même temps, l'opposition de gauche employait la plume pleine de fiel d'un écrivain d'un talent remarquable, pour décréditer l'appel de la commission et faire échouer ses efforts. M. Paul-Louis Courrier versa à pleines mains les ironies de son intelligence élevée, mais chagrine, sur cette œuvre qui avait à la fois quelque chose de noble et de touchant. L'helléniste distingué devint un barbare, et conspira, par esprit de parti, la ruine d'un monument dont les arts auraient porté le deuil.

Les passions politiques sont moins nobles dans l'Athènes moderne que dans la première Athènes. L'histoire ne nous dit pas, que, pour faire de l'opposition à Periclès, il se soit trouvé quelqu'un en Grèce qui ait conspiré contre le Parthénon.

Mais les répugnances du ministère et les obstacles que suscitait l'opinion de gauche, ne devaient servir qu'à prouver d'une manière éclatante, que le don de Chambord était un acte national, libre et spontané, qui n'avait pas besoin du concours ministériel pour s'effectuer et contre lequel les machinations de l'esprit révolutionnaire étaient impuissantes.

Le 5 mars, l'adjudication fut faite et le domaine de Chambord fut adjugé à M. de Calonne, représentant la commission générale de la souscription, « *pour être fait hommage dudit domaine de Chambord et de toutes ses dépendances, au nom de la France, à son altesse royale monseigneur le duc de Bordeaux.»* Le prix principal de l'adjudication s'éleva à quinze cent quarante-deux mille francs. L'annonce de l'acquisition de Chambord, au nom de monseigneur le duc de Bordeaux, fut pour toute la France un sujet de joie, et pour les habitants de Chambord, un sujet de fête. Toute la population, les jeunes filles dans leurs plus beaux atours, les jeunes garçons marchant avec elles, et les gardes-chasse du domaine conduisant ce joyeux cortége, allèrent visiter processionnellement le magnifique château de François Ier, placé sous la protection du frêle berceau du plus jeune de ses héritiers. La fleur de lis colossale qui, surmontant Chambord, a dédaigneusement regardé passer les révolutions qui n'ont pu l'atteindre, fut saluée ce jour-là par de nombreuses décharges de mousqueterie; elle venait d'échapper encore une fois à la main des destructeurs.

Par une bizarre singularité, l'acquisition de Chambord ne fut point agréable aux Tuileries. Ce fait, tout étrange qu'il paraisse au premier abord, s'explique de deux manières. D'abord, la souscription se rattachait à ce mouvement d'opinions royalistes qui devait renverser le ministère de centre droit et faire passer le pouvoir à la droite représentée par M. de Villèle; ensuite il y avait, dans la maison des princes, une opposition décidée contre l'acquisition d'un domaine qui exposait tous ceux qui étaient attachés à la cour, à un voyage de quarante lieues.

On avait depuis longtemps inspiré au roi Louis XVIII des défiances contre les opinions de droite; il ne pouvait leur pardonner la chute de M. Decazes auquel il portait une affection presque paternelle, et le ministère Richelieu, se sentant déborder, et comprenant que l'acquisition de Chambord était une manifestation nouvelle de la force des opinions qui devaient hériter de sa puissance, ne se hâtait point de dissiper les préventions du roi.

D'un autre côté, on connaît l'influence exercée sur les princes par leur entourage. Or, il y avait véritablement, au château, une conspiration domestique contre Chambord. Toutes ces réclamations de l'entourage des princes avaient été vivement appuyées par un homme de cour qui, étant allé visiter Chambord, à son retour de Bretagne où il présidait un collége électoral, revint tout effaré annoncer au château la plus grave des petites nouvelles : c'est que la pièce qu'on appelait autrefois le cabinet du roi ne pourrait jamais contenir les grandes entrées d'aujourd'hui !

MONSIEUR qui, sous le point de vue politique, aurait vu la souscription d'un œil favorable, n'avait pu lui-même échapper à ces influences de cour. Une personne de sa maison étant venue lui apprendre, au sortir de l'adjudication, que Chambord avait été acquis au nom de monseigneur le duc de Bordeaux, son Altesse Royale lui répondit avec quelque vivacité : « De quoi vous mêlez-vous, monsieur ? »

De faux rapports enfin avaient trompé madame la duchesse de Berri sur l'état de Chambord, comme put s'en apercevoir un écrivain royaliste, homme d'esprit et de goût qui a souvent appliqué avec succès aux arts un tact littéraire remarquable (1). Il revenait de Chambord où il était allé faire un pèlerinage d'artiste, et il rapportait avec lui des dessins, des vues et de nombreuses notes, fruits de ses longues recherches et de ses conversations avec les anciennes familles du pays, où les traditions de Chambord se sont transmises, de génération en génération, comme un précieux héritage. Madame la duchesse de Berri désira voir ces notes et ces dessins, et l'écrivain dont nous parlons les lui présenta aux Tuileries, dans le cou-

(1) M. Merle.

rant du mois de mai 1821, quelques jours après le baptême de M. le duc de Bordeaux. Elle était encore vêtue de ses longs habits de deuil, et ses appartements drapés de noir depuis son veuvage, n'avaient point cessé d'étaler cette lugubre tenture. Auprès d'elle étaient les deux orphelines que son mari lui avait léguées à son lit de mort; elles jouaient avec Mademoiselle, car madame la duchesse de Berri avait tenu sa promesse; elle traitait les deux enfants de M. le duc de Berri comme les sœurs de sa fille. Elle se leva et vint se placer avec madame de Reggio, devant un piano sur lequel avaient été posés les dessins. Pendant plusieurs minutes elle les examina en silence, et dit enfin à la personne qui les lui avait apportés : « Ces dessins viennent-ils d'être pris sur les lieux ? » Il lui fut répondu qu'il y avait à peine deux mois qu'ils avaient été copiés d'après nature. Alors elle se retourna vivement vers madame la duchesse de Reggio, en disant : « On m'avait assuré que ce château n'était qu'un monceau de décombres. » Quand elle sut que, loin de là, les bâtiments étaient presque intacts et les sculptures dans un parfait état de conservation, elle se livra à cet enthousiasme qu'elle montrait toutes les fois qu'il s'agissait des arts, et interrogeant avec vivacité la personne qui lui expliquait les dessins, elle visita pour ainsi dire Chambord sur le plan qui était étalé devant elle, se faisant nommer les artistes, donnant des éloges au mérite spécial de chaque partie du monument, appréciant l'époque à laquelle elle se rapportait, et n'oubliant dans ses louanges aucun de ceux qui, concourant à l'achèvement de ce chef-d'œuvre, avaient aidé le génie du Primatice, et se groupaient ainsi, dans l'histoire, autour de la renommée colossale du grand architecte Bolonais.

C'était à chaque dessin de nouvelles questions. La princesse voulait pour ainsi dire, qu'on animât Chambord devant elle, en lui montrant sur chaque partie de cette grande scène les faits remarquables qui s'y étaient passés. Ainsi il fallut lui apprendre où était la salle dans laquelle eut lieu la première représentation du *Bourgeois gentilhomme*, ce chef-d'œuvre tombé devant le silence de Louis XIV et qu'une de ses paroles suffit pour relever. Elle se faisait indiquer l'aile du bâtiment qu'avait habitée le pieux roi Stanislas, l'oratoire où priait la reine sa femme; merveilleux oratoire placé, comme par une pensée prophétique, sous la protection de l'archange Michel, auquel le 29 septembre est consacré. Elle voulait aussi savoir dans quel appartement était mort le maréchal de Saxe, ce victorieux qui avait rempli Chambord de ses pompes guerrières. A chaque réponse elle s'écriait: « On m'avait trompée; le château est admirable, c'est un grand monument historique. » Dans ce moment on annonça M. le duc de Lévis et M. le comte de Nantouillet. La princesse les fit avancer et leur montra avec empressement les dessins. « Vous voyez bien, monsieur de Nantouillet, ajouta-t-elle, que ce n'était pas ce qu'on nous en avait dit. »

Quand la personne qui avait ainsi rectifié les idées et détruit les préventions de son Altesse Royale, fut au moment de se retirer, elle lui exprima la joie avec laquelle les habitants de Chambord verraient la mère de Henri Dieudonné, dans le domaine de son fils. Madame la duchesse de Berri lui répondit avec une gracieuse bonté. » Si vous retournez à Chambord, dites-leur bien que j'irai les visiter et que ce sera un jour de fête pour moi. »

Ce voyage dès lors projeté ne devait s'accomplir que sept ans plus tard.

Mais, dès lors, madame la duchesse de Berri comprit que la France avait fait à son fils, en lui donnant Chambord, un présent digne d'elle et digne de lui, et elle ne contribua pas peu à effacer les préventions de Monsieur contre cette résidence royale. La mère de Henri Dieu-Donné sentit que sous ce don national il y avait une pensée politique. C'était un lien de plus entre la France et le petit-fils de Louis XIV. La France donnait aux Bourbons, de qui elle avait tant reçu. Les communes du royaume dont les ancêtres du jeune prince avaient été les tuteurs et les pères, devenaient elles-mêmes les tutrices du royal enfant. Quoi de plus juste? Citons les belles paroles contenues dans l'adresse de la ville de Caen : « L'histoire dira comment, épuisé par » d'immenses bienfaits, le roi qui par» tout relève la cabane du pauvre, fut » réduit à la noble impuissance de ra» cheter le toit de ses ancêtres ; elle dira » aussi que vos enfants émus accouru» rent à vos pieds, qu'alors les fidèles » communes de votre royaume sollici-

» tèrent le bonheur de rattacher un fleu-
» ron à la couronne des lis, et celui de
» placer elles-mêmes le duc de Bordeaux
» dans le palais vénérable où tout respire
» la gloire et l'honneur. »

LIVRE CINQUIÈME.

LIVRE CINQUIÈME.

Madame la duchesse de Berri reprend ses habitudes et ses goûts. — Elle protége les arts. — Elle favorise le commerce. — Les boutiques et le carrosse aux armes de France. — Sa résidence à Rosny. — Ses voyages à Dieppe. — Ses paroles à M. Cavelier. — Sa popularité. — Le Gymnase à Dieppe. — MADAME protége le Gymnase. — Histoire du Gymnase. — Anecdotes. — La tolérance et M. Siméon, et la rigidité et M. de Corbière. — Spirituelles flatteries de M. Scribe. — La *Rosière* jouée dans les petits appartements. — Tous les courtisans ne sont pas à la cour. — Le Gymnase prend le titre de Théâtre de Madame. — MADAME donne un nouvel essor au commerce dieppois. — Manufactures de dentelle et d'ivoire. — MADAME, le jour de la tempête du 7 septembre 1826. — Elle recherche et renouvelle les souvenirs nationaux. — Procession pour l'anniversaire de la victoire des Dieppois sur l'amiral Talbot. — Colonne sur le champ de bataille d'Arques. — Popularité de la princesse à Dieppe. — Les Poletais. — Une visite au rivage de Derchigny. — Le pauvre Berthe et sa chaumière. — Bonté de la duchesse de Berri. — Elle vient à Dieppe avec MADEMOISELLE et M. le duc de Chartres.

Quand un long intervalle se fut écoulé depuis le fatal événement qui avait privé M. le duc de Bordeaux d'un père, madame la duchesse de Berri reprit peu à peu les habitudes de sa vie; les arts retrouvèrent en elle cette protectrice empressée qu'ils avaient déjà appris à connaître; le commerce et l'industrie reçurent d'elle des encouragements. MADAME rendait avec une grâce parfaite aux classes marchandes tous les services qui dépendaient d'elle. Elle répandait le goût de la dépense dans ses alentours, et faisait prospérer ceux qui vivent du négoce, et par ce qu'elle achetait et par ce qu'elle contribuait à faire vendre. Combien de fois les propriétaires de magasins qui désiraient que la faveur royale les désignât à la foule, ne vinrent-ils pas prier le premier écuyer de madame la duchesse de Berri, d'obtenir de son altesse royale qu'elle fît seulement arrêter son carrosse devant leur porte! Et madame la duchesse de Berri, toujours disposée à obliger, ne manquait point de paraître elle-même dans ces lieux où l'on avait désiré sa présence. Ses revenus si bornés suffisaient à tout; ses dépenses ne souffraient point de ses aumônes, et ses aumônes ne diminuaient point ses dépenses.

Elle avait repris ce rôle qu'elle avait si bien rempli à son arrivée en France. Elle entrait dans les goûts et les habitudes de cette société ; elle vivait de sa vie.

Dans les promenades, dans les magasins, au Musée, dans les fêtes, madame la duchesse de Berri et la France se rencontraient partout.

Ce fut ainsi qu'elle passa la plupart des années qui s'écoulèrent jusqu'à son voyage en Vendée, qui eut lieu à l'époque où le ministère Martignac tenait les affaires.

Tous les étés madame la duchesse de Berri courait à son cher Rosny (1), où elle aimait tant à se reposer de l'étiquette du château. Là elle vivait presque en simple propriétaire, suivant avec intérêt les travaux qu'elle ordonnait, visitant elle-même ses pauvres, et accueil-

(1) Rosny avait été acheté le 15 août 1818.

lant avec une gracieuse familiarité tous ceux qui se présentaient pour offrir un hommage ou réclamer un secours. La mère de Henri-Dieudonné faisait à merveille les honneurs du domaine qui avait appartenu à l'ami de Henri IV. Les alentours se ressentaient de sa présence, et l'on peut dire que le village tout entier vivait du château.

A partir de 1824, Rosny eut une rivale dans les affections de madame la duchesse de Berri, ce fut la ville de Dieppe. La princesse s'était rendue dans cette ville pour prendre les eaux, et elle y avait été reçue avec un vif enthousiasme. Aussi répondit-elle le lendemain au discours de M. Cavelier (1), maire de cette

(1) La conduite de M. Cavelier a été honorable et haute. Démissionnaire en 1830, il a été suivi dans sa retraite par l'estime et l'affection de ses administrés.

cité : « Je me suis bien aperçue hier que » Henri IV avait raison quand il appe- » lait les Dieppois ses bons amis ; j'imi- » terai mon aïeul dans son amour pour » eux. »

Ainsi fit-elle, et, comme son aïeul Henri IV, elle gagna tous les cœurs des fidèles Dieppois. On aimait cette familiarité pleine de grâce, cette vivacité toute française, cette bienveillance qui, pour accueillir les personnes qu'on lui présentait, ne demandait ni une haute origine, ni un titre. Simple et affable avec la bourgeoisie, populaire avec le peuple, elle était l'âme de toutes les réunions, l'ornement de toutes les fêtes, et elle répandait autour d'elle des bienfaits dans le sein de la pauvreté, et parmi les classes aisées, le mouvement et la vie. Chérie de toute cette population, elle la chérissait à son tour, et lorsqu'on lui parla de partir, elle s'écria : « Déjà ! »

Les voyages de madame la duchesse de Berri à Dieppe se renouvelèrent pendant les années 1825, 1826, 1827, et ne s'interrompirent en 1828 où la princesse fit un long voyage en Vendée, que pour recommencer en 1829. En 1830, les équipages étaient partis, on attendait madame la duchesse de Berri à Dieppe ; la fortune avait décidé que le convoi de la monarchie passerait cette année-là par Cherbourg !

Ce fut dans un de ces voyages à Dieppe que la duchesse de Berri devint la protectrice du Gymnase, auquel elle donna plus tard son nom. Mais pour faire comprendre la suite de cette affaire, dans laquelle la princesse se trouva aux prises avec la ténacité bretonne d'un ministre dont la rigidité administrative opposait à toutes ses paroles l'inflexible règlement, il faut remonter un peu plus haut et faire connaître quelques détails nécessaires à l'intelligence du récit.

En 1820, M. de Mirbel, secrétaire général du ministère Decazes, avait donné à M. de la Roserie, son ancien camarade de collége, la permission d'ouvrir un théâtre. Le privilége était renfermé dans des limites étroites. Il autorisait l'établissement d'un gymnase composé de jeunes sujets du Conservatoire et des autres écoles dramatiques et lyriques, et la représentation de fragments de pièces empruntées à tous les répertoires. M. de la Roserie céda son privilége à MM. Delestre-Poirson et Cerfber, moyennant une pension à vie de douze mille francs. Les deux acquéreurs ouvrirent leur théâtre au mois de décembre 1820. Mais, dès les premiers moments, ils sortirent des limites dans lesquelles les emprisonnait leur privilége. Au lieu de donner des fragments de pièces, le Gymnase donna des pièces entières; au lieu d'emprunter des débris aux répertoires des autres théâtres, il se fit un répertoire à lui. M. Scribe se montrait dans ce moment sur l'horizon littéraire, avec son esprit fin et délicat et sa fécondité inépuisable; en même temps une petite merveille apparaissait à la lueur du soleil de la rampe (1). D'autres acteurs furent enlevés aux théâtres de vaudevilles, et le Gymnase, écrasant toutes les concurrences, soit

(1) Léontine Fay, aujourd'hui madame Volnys.

par la supériorité de son répertoire, soit par l'excellence de ses acteurs, vit accourir tout Paris dans son étroite enceinte.

Ses prospérités durèrent tant que M. Siméon et la tolérance administrative tinrent le portefeuille de l'intérieur. Mais quand vint M. de Corbière, les choses changèrent de face. On l'a dit, M. de Corbière entendait que les règlements fussent exécutés. Toutes les obsessions le trouvèrent inflexible; il fallut donc céder. Le Gymnase promit de se soumettre, voulant se donner le temps de chercher comment il ferait pour désobéir. Au moins sa révolte fut-elle respectueuse. Il se courbait devant toutes les paroles, s'engageait chaque jour à s'arrêter, sans cesser de marcher pourtant, et l'on peut dire qu'il était difficile de mettre plus de docilité dans une rébellion, et d'agenouiller plus habilement, devant l'autorité, l'entêtement obséquieux de sa désobéissance.

Les choses ne pouvaient point rester longtemps dans cet état. Il fallut chercher une haute protection qui pût adoucir la rigidité de M. de Corbière. On connaissait l'appui que madame la duchesse de Berri accordait à tous les arts; et le goût qu'elle avait pour la littérature. Les directeurs du Gymnase songèrent à placer sous ce haut patronage leur entreprise menacée. Sachant que la princesse allait passer tous les étés à Dieppe, ils s'y rendirent avec l'élite de leur troupe. Madame la duchesse de Berri fut touchée de cette attention. D'excellents acteurs jouaient devant elle des pièces de bon goût : elle pensa qu'il n'y avait point dans cette transgression d'une charte théâtrale un grand crime, et qu'en tout cas, s'il y avait un coupable dans cette affaire, c'était le privilége qui défendait ce qu'il aurait dû commander. Elle se mit donc à conspirer contre lui, et elle promit son appui aux directeurs du Gymnase.

Derrière cette royale protection, le Gymnase commença à respirer et à attendre plus tranquillement l'effet de la colère de M. de Corbière. Chaque fois que le ministre lui intimait des ordres sévères, il se réfugiait auprès de madame la duchesse de Berri, dont il implorait les bontés. M. Scribe composa pour les petits appartements un vaudeville intitulé, *la Rosière*, dans lequel le Gymnase se plaçait sous le patronage direct de la princesse, en lui adressant des prières et des louanges parfumées de tout ce que l'encens de cour a de plus délicat. L'esprit de M. Scribe, si fin et si délié, s'était surpassé lui-même ce jour-là; il avait, pour ainsi dire, accablé la royale patronne du Gymnase sous une pluie de roses.

Le but qu'on se proposait fut atteint. Le lendemain d'un jour où M. de Corbière avait écrit une lettre comminatoire au directeur du Gymnase, madame la duchesse de Berri dit à ce ministre, qui venait lui présenter ses hommages: « J'espère, monsieur, que vous ne tour» menterez plus le Gymnase, car désor» mais il portera mon nom. »

En effet, dès le mois de septembre 1824, on lut sur toutes les affiches: *Théâtre de Madame*. Ce titre fut inscrit en lettres d'or sur la façade de l'ancien Gymnase, et si le ministère de l'intérieur continua à tonner contre les infractions au règlement, l'orage des colères ministérielles s'écarta avec respect de l'heureux théâtre placé sous la protection de ce royal paratonnerre.

Ce ne furent point seulement les lettres et les arts qui profitèrent des voyages à Dieppe. Madame la duchesse de Berri trouva dans sa cité chérie d'autres qualités à déployer que celle de patronne de la littérature, et elle s'y montra sous un autre jour que dans cette guerre bienveillante qu'elle fit aux règlements de M. de Corbière dont elle estimait le caractère et dont elle appréciait le talent.

Le 7 septembre 1826, madame la duchesse de Berri, qui se trouvait chez ses bons Dieppois, apprend qu'une effroyable tempête menaçait d'engloutir un grand nombre de barques de pêcheurs qui se dirigeaient vers le port. Elle contremande à l'instant un bal qui devait avoir lieu le soir même, et elle se rend en toute hâte au point d'où l'on peut venir en aide à ces malheureux. Là, se tenant cramponnée au petit mât de la jetée que les vagues couvraient de toutes parts, elle encourage et dirige les secours. Sans crainte pour elle-même au milieu de la tempête, elle ne songeait qu'à ceux à qui elle pouvait être utile; elle donnait une nouvelle preuve de cette heureuse faculté de sa nature, qui, simple et douce dans la vie ordinaire, grandit avec les circonstances et se trouve au niveau de toutes les situations. Elle ne se retira du lieu qu'elle appelait son poste, parce qu'il était celui du danger, qu'après la rentrée de tous les pêcheurs. Un seul homme, nommé Desliens, capitaine de barque, avait péri; la princesse envoya cinq cents francs à sa veuve, avant même d'avoir changé de vêtements.

Quand ces circonstances extraordinaires étaient passées MADAME semblait déposer ses hautes qualités, qu'elle retrouvait au moment du péril, et elle reprenait son rôle pacifique de protectrice de l'industrie. Ainsi Dieppe s'occupait principalement, naguère, de travaux en ivoire et en dentelle; mais ces deux branches de fabrication étaient en souffrance. MADAME donna deux brevets, l'un en son nom, l'autre au nom de MADEMOISELLE, aux deux meilleurs fabricants de la ville; elle fit des commandes considérables, et, comme les bons exemples sont suivis quand ils partent de si haut, le commerce dieppois se releva sous cette bienveillante protection.

En 1826, la princesse établit une manufacture de dentelles sous la direction des sœurs de la Providence et consacra à cette bonne œuvre une somme très-considérable. Cet établissement de charité prospéra. Il compte encore aujourd'hui deux cent cinquante élèves ; ce sont de petites filles appartenant à des familles indigentes et qui trouvent là, à la fois, des moyens d'existence et le bienfait d'une éducation chrétienne.

Elle aimait aussi à rechercher, dans les localités où elle se trouvait, les traces du passé, et quand elle rencontrait des souvenirs qui se rattachaient à notre gloire nationale, elle en renouvelait avec empressement la mémoire.

Ainsi elle avait obtenu de l'archevêque de Rouen la permission de rétablir, à la date du 14 août, une ancienne procession, établie autrefois pour célébrer l'anniversaire de la victoire remportée, en 1443, par les Dieppois sur l'amiral Talbot. Elle comprenait, avec son sens juste et droit, qu'il est bon de conserver dans les cités, comme dans les familles, ces souvenirs héroïques, parce que la gloire du passé est un engagement à bien faire dans l'avenir.

Elle retrouva aussi dans les environs de Dieppe la mémoire d'un événement qui se liait à l'histoire de ce Henri IV dans la vie duquel elle aimait à lire, à l'avance, celle de son fils. En 1826, la ville de Dieppe offrit à MADAME, sur le champ de bataille d'Arques, le simulacre de ce combat mémorable, et l'on proposa de construire une colonne à l'endroit où Henri IV avait battu Mayenne, le 21 septembre 1589. Ce monument dédié à la victoire du roi légitime sur un sujet factieux fut élevé l'année suivante en présence de MADAME et de MADEMOISELLE (1).

C'était entre la princesse et sa bonne ville de Dieppe un touchant échange de bienfaits et d'attentions délicates. Tantôt on bâtissait à la princesse comme par enchantement une salle de spectacle (2); tantôt on inaugurait, dans la grande salle de l'hôtel-de-ville, son portrait en

(1) La colonne existe toujours; mais on a enlevé, sans doute par égard pour Mayenne, les inscriptions qui étaient à la base.

(2) A cette occasion MADAME donna des tabatières en or, avec son chiffre, à M. Cavelier, maire de Dieppe, et à M. Fressard, ingénieur des ponts et chaussées qui avait dirigé les travaux.

pied (1). A chaque saison la princesse sentait que le séjour de Dieppe lui devenait plus agréable. Vers la fin de l'année 1829, elle avait fait acheter une petite ferme située au faubourg de la Barre, derrière le château de Dieppe, et elle devait y ordonner des constructions pour recevoir MADEMOISELLE. Comment exprimer l'affection simple et touchante des Polletais pour *leur bonne duchesse*, comme ils aimaient à la nommer (2)? Partout où elle passait, les misères étaient secourues, les catastrophes réparées; MADAME, comprenait que l'avarice, qui

(1) Ce fut le 16 août 1827 que le portrait de madame la duchesse de Berri fut inauguré. Depuis la révolution de juillet il a été déposé à la bibliothèque de la ville.

(2) Depuis la révolution de 1830 MADAME fait toujours des commandes à Dieppe et envoie des secours aux pauvres de cette ville.

est un défaut chez les simples particuliers, est un crime chez les princes, et sa charité était inépuisable.

On raconte encore à Derchigny, petit village situé à deux lieues de Dieppe, comment elle relevait les chaumières que l'incendie consumait, comment elle dotait les jeunes filles, comment elle remplaçait la vache qui faisait vivre une pauvre femme et son fils indigent. Il y a une merveilleuse ressemblance entre ces anecdotes et celles que la reconnaissance populaire a retenues de la vie du Béarnais. MADAME, quoique un peu plus riche que son aïeul, avait des revenus bornés; aussi, pour agrandir ses bienfaits, elle y associait tout le monde. Elle ouvrait des souscriptions et invitait chacun à partager avec elle le bonheur de soulager les souffrances du pauvre; tous les noms aimaient à se ranger derrière ce nom royal, et personne n'échappait à la douce contagion de cette bienfaisance.

M. Eugène de Clercy (1), maire de Derchigny et propriétaire du château, était l'introducteur de toutes les souffrances et de tous les besoins auprès de son altesse royale. Ce fut lui qui, en 1826, offrit à MADAME l'occasion d'embellir une fête qu'on lui donnait dans ce village, par une de ces bonnes actions dont nous avons parlé. Tandis que tous les habitants se préparaient à recevoir la princesse, une catastrophe vint subitement troubler leur joie.

Il y avait dans le village une pauvre famille aimée et estimée de tout le monde,

(1) M. de Clercy, démissionnaire en 1830, a été fidèle aux adversités de MADAME.

et sur laquelle une circonstance particulière appelait l'intérêt général. Elle se composait du père et de la mère et de deux filles; mais la fille aînée était folle depuis plusieurs années, et sa sœur, l'unique soutien de sa famille, devait épouser, à quelques jours de là, un jeune homme des environs qui exerçait l'état de maréchal. Quelques heures avant l'arrivée de MADAME, un incendie consuma entièrement la chaumière de cette pauvre famille. L'infortuné Berthe, c'était le nom du laboureur, s'abandonnait au désespoir. Il voyait sa chaumière détruite, ses petites épargnes entièrement perdues et le mariage de sa fille manqué. M. de Clercy s'empressa de faire connaître à MADAME la situation de ces malheureux paysans. La charité de la princesse fut aussi active à réparer que l'incendie avait été prompt à détruire. En peu d'heures, une souscription ouverte par madame la duchesse de Berri, dont le nom figurait en tête, fut remplie. La chaumière se releva, le désespoir de Berthe fut calmé, et les projets de mariage presque abandonnés furent repris. Quelques jours après, M. de Clercy présenta à son altesse royale tous les heureux qu'elle avait faits.

L'année suivante (1), madame la duchesse de Berri revint encore à Derchigny. Elle était accompagnée de Mademoiselle et d'un jeune prince qui se faisait remarquer par ses manières empressées et respectueuses auprès des deux princesses. C'était M. le duc de Chartres. On fut frappé de son attitude humble et

(1) L'année 1827.

soumise, et quelques personnes trouvèrent qu'il faisait descendre la courtoisie du prince jusqu'à l'humilité obséquieuse du courtisan.

LIVRE SIXIÈME.

LIVRE SIXIÈME.

Graves événements qui eurent lieu pendant le ministère de M. de Villèle. — Mort de Louis XVIII. — État de la France à cette époque. — La duchesse de Berri prend le titre de MADAME. — Elle se sert de son crédit auprès du nouveau roi pour faire faire droit aux demandes de la maison d'Orléans. — Le duc d'Orléans, altesse royale. — L'ordonnance des apanages convertie en loi. — Résistance de la chambre. — Insistance de la famille royale. — M. le duc de Chartre reçoit au sacre le cordon bleu. — Les quatorze millions de l'indemnité. — Les salons du Palais-Royal deviennent plus hostiles. — Les doctrinaires et la date de 1668. — M. le duc d'Orléans souscrit pour le général Foy. — Anecdote. — Refroidissement au sujet du procès intenté par le duc d'Orléans contre les communes du département de la Manche. — Charles X engage le prince, son cousin, à renoncer à l'instance. — Joies maternelles de madame la duchesse de Berri. — Enfance de monseigneur le duc de Bordeaux. — Ses goûts. — Ses penchants. — Il joue à l'armée. — Il passe dans les mains des hommes. — Lettre de madame de Gontaut à M. le duc de Rivière.

Nous avons cru devoir présenter, sans interruption, l'historique des visites annuelles de madame la duchesse de Berri à la ville de Dieppe, en négligeant tous les événements intermédiaires qui auraient nui à la suite du récit. Il importe maintenant de reprendre l'ordre des faits, afin de ne point passer sous silence plusieurs événements qui n'ont pu trouver place dans ce cadre, et qui prirent place sous le ministère de M. de Villèle.

Le plus grave de ces événements fut

la mort de Louis XVIII, qui eut lieu dans le mois de septembre de l'année 1824. Après tant de conspirations tentées contre sa puissance, il mourait sur le trône, ce vieux roi qui avait un moment paru sur le point d'en tomber; il mourait après avoir vu disparaître cette épée menaçante qui, du haut du rocher de Sainte-Hélène, semblait toujours diriger sa pointe du côté du château des Tuileries. Le berceau de son petit-neveu avait, comme on l'a dit, préservé sa vieillesse, et en fermant les yeux à la lumière, il avait cru à l'avenir de sa race. Neuf années du règne d'un Bourbon avaient suffi pour guérir toutes les plaies de la France. L'empire la lui avait laissée appauvrie d'or et de sang, et elle était redevenue populeuse et prospère; l'empire la lui avait laissée occupée par d'innombrables armées, et c'était elle qui à son tour occupait un royaume voisin. Le grand problème ouvert depuis 1814 était enfin résolu. Le premier coup de canon de la Bidassoa avait montré que l'armée de la France était aussi l'armée du roi. Ainsi la maison de Bourbon, malgré les doutes dédaigneux de l'Angleterre, allait peser désormais dans la balance des affaires européennes.

Le nouveau règne s'ouvrit sous de favorables auspices, et madame la duchesse de Berri, qui avait pris le titre de MADAME, trouva bientôt dans la tendresse que lui portait le roi Charles X, les moyens de prouver à la maison d'Orléans l'affection qu'elle n'avait point cessé de lui porter.

On n'a point oublié que, sous le feu roi, son altesse sérénissime avait exprimé deux désirs qui n'avaient pu être satisfaits. Obtenir le titre d'altesse royale, voir convertir en loi l'ordonnance qui l'avait envoyé en possession des anciens apanages de sa famille, telles étaient les deux ambitions de M. le duc d'Orléans. Madame la duchesse de Berri reprit auprès du roi Charles X la négociation qui avait échoué auprès du roi Louis XVIII. C'était elle qui portait les paroles du Palais-Royal au château. Il est juste de dire qu'elle rencontra, dans le roi Charles X, une grande disposition à contenter son altesse sérénissime. Le duc d'Orléans reçut ce titre d'altesse royale qu'il avait désiré pendant dix années, et la bonté royale étendit cet honneur à sa sœur et à ses enfants.

L'affaire des apanages fut plus difficile. Là, il ne suffisait pas de la bonne volonté du château, il fallait la sanction des chambres. Or, la majorité de la chambre élective était peu favorable à M. le duc d'Orléans. La plus grande partie de la droite conservait contre lui les préventions du feu roi. Elle pensait qu'il était déjà assez près du trône, elle trouvait sa conduite équivoque, et elle croyait apercevoir, derrière le voile de ses protestations et de ses dévouements, une ambition prudente qui marchait, d'un pas lent et par des chemins couverts, vers le but qu'elle s'était marqué.

On vit alors un curieux spectacle. La famille royale fut obligée, pour ainsi dire, de conspirer en faveur de M. le duc d'Orléans, contre la droite, qui était sur le point de désobéir à la royauté par dévouement pour la monarchie. L'opposition contre le projet de loi qui assurait au premier prince du sang les apanages, promettait d'être si forte, que le roi fut obligé de chercher un moyen qui fît une sorte de violence morale à la chambre. Il enjoignit à ses ministres d'inscrire, dans le projet de sa propre liste civile, la disposition spécialement relative à l'apanage d'Orléans. Le respect qu'on portait au monarque devait arrêter les boules noires dans un vote où il s'agissait de fixer ses propres revenus. Charles X renouvelait envers M. le duc d'Orléans la généreuse intervention qu'il avait tentée en sa faveur, lorsque ce prince se présenta à Londres, après avoir sincèrement abjuré les égarements révolutionnaires de sa jeunesse. Il le couvrait de son manteau royal en le présentant à une chambre royaliste, comme il l'avait couvert de sa bienveillante protection en le présentant au roi son frère.

Cette précaution ne suffit point encore aux difficultés de la situation et au zèle de la famille royale pour les intérêts du premier prince du sang. M. le duc d'Orléans devint le client de la branche aînée, qui le prit sous son haut patronage et sollicita auprès de chaque membre de la droite, comme une marque de dévouement, le sacrifice de ses préventions et de ses antipathies. Le roi lui-même fit mander aux Tuileries les députés les plus opiniâtres, et leur dit, en propres termes, qu'ils le blesseraient personnellement s'ils rejetaient l'article qui concernait son cousin d'Orléans. Sa majesté ajouta qu'elle considérerait comme une injure envers sa famille toute attaque dirigée, dans la discussion de la liste civile, contre le passé d'un prince dont la fidélité et le dévouement actuels à la royauté ne pouvaient être révoqués en doute.

Tandis que le roi et la famille royale agissaient de leur côté, M. de Villèle agissait du sien. Il insistait sur tous les gages de repentir que le duc d'Orléans avait donnés depuis 1792. Sa conduite à cette époque avait été, disait-il, la suite d'un égarement de jeunesse, dont son altesse témoignait en toute occasion sa profonde douleur.

Malgré tant de précautions, une opposition violente se manifesta à la chambre des députés. La droite considérait M. le duc d'Orléans comme en état permanent de conspiration contre la dynastie. La tache de sang royal que son père avait mise sur son nom lui apparaissait comme un avertissement sinistre. Si l'attitude du roi ne lui permit point d'attaquer ouvertement le prince son cousin, elle prit la question par un biais. Plusieurs orateurs soutinrent que la disposition qui concernait l'apanage ne pouvait pas être englobée dans la liste civile. « Je ne voudrais pas soupçonner, disait M. Bazire, qu'on eût placé cette disposition dans un tel voisinage afin de la faire passer avec plus de facilité en aussi bonne compagnie. »

L'article relatif aux apanages fut voté cependant. Avant et durant la discussion, le roi avait manifesté d'une manière trop formelle sa volonté, et la famille royale s'était servie avec trop d'habileté de cette séduction de paroles à laquelle il est si difficile de résister, pour que la conspiration ourdie au château contre l'opiniâtre dévouement des chambres ne fût point couronnée de succès.

Malgré toutes ces démarches, une minorité imposante se dessina contre le projet, et elle prouva que, sans l'intervention royale, la loi sur l'apanage eût été séparée de la liste civile et rejetée. Les motifs les plus plausibles n'auraient point manqué à la chambre : on l'a dit, Louis-Philippe-Égalité avait passé un concordat avec ses créanciers le 9 janvier 1792. Le 19 avril 1793, on mit le séquestre sur tous les biens de la maison d'Orléans. En l'an XI, l'état vérifia la validité des titres des créanciers, remboursa la plupart d'entre eux, et se trouva ainsi substitué en leur lieu et place. Les biens repris sur les domaines de la couronne et rendus au duc d'Orléans actuel, pouvaient donc être légalement et équitablement revendiqués au profit du trésor, au moins jusqu'à la concurrence des sommes payées par l'état, à la décharge de son père, lesquelles s'élevaient au chiffre de trente-huit millions.

Madame la duchesse de Berri partagea la joie que causa au Palais-Royal le vote si disputé de l'apanage d'Orléans. Les liens d'intimité qui l'unissaient à cette branche de sa famille s'étaient encore resserrés depuis son malheur; et ses récentes joies, le premier moment une fois passé, avaient été vivement partagées, au moins en apparence, par cette tante et cet oncle qu'elle aimait tant.

D'ailleurs chaque jour de nouveaux bienfaits accroissaient les devoirs de reconnaissance de la branche cadette et la confiance de la branche aînée. Après la restitution des apanages rendue irrévocable, était venue la loi d'indemnité dans laquelle M. le duc d'Orléans n'eût point été compris, si l'on avait écouté quelques voix défiantes qui s'élevèrent dans le sein même des conseils de la couronne. Mais les démarches bienveillantes de madame la duchesse de Berri et la volonté du roi prévalurent. Sur le milliard destiné aux infortunes des royalistes dépouillés par les lois révolutionnaires, le duc d'Orléans préleva quatorze millions. Les chefs de l'opposition de gauche, qui avaient vivement combattu le projet, imitèrent l'exemple de son altesse et profitèrent de la loi qu'ils avaient condamnée. Le duc de Choiseul se fit liquider pour onze cent mille francs; M. de Liancourt pour quatorze cent mille francs; M. Gaétan de Larochefoucault pour quatre cent vingt-neuf mille francs; M. de La Fayette pour quatre cent cinquante mille francs.

Dès ce moment, les esprits attentifs crurent remarquer que l'opposition qui partait des salons du Palais-Royal, devenait plus vive et plus hardie. La droite put dire que ses prévisions étaient justifiées par les faits. La date significative de 1668, était reproduite sur toutes les faces et sans cesse mise en avant. Les doctrinaires commençaient à en faire un drapeau autour duquel ils tâchaient de rallier toutes les nuances de l'opposition. Le prince, de son côté, donna prise aux interprétations malveillantes par quelques secours qui, sans doute, dans sa pensée, n'étaient destinés qu'à soulager l'infortune qu'ils allaient chercher et à satisfaire les penchants généreux de son cœur ; mais il se trouvait, par une fatalité remarquable, que sous les malheurs que le prince secourait il y avait toujours une opinion hostile au gouvernement. L'acte de ce genre qui fit le plus de sensation fut le don de dix mille francs offert par le duc d'Orléans dans la souscription toute politique ouverte pour la dotation des enfants du général Foy. Le château fit faire à ce sujet quelques représentations amicales au Palais-Royal. Il fut répondu que ce n'était point comme prince, mais comme ami, que M. le duc d'Orléans avait souscrit : pour preuve à l'appui, on fit remarquer la modicité de ce don de dix mille francs, à côté de plusieurs offrandes qui, comme celle de M. Casimir Périer, s'élevaient à la somme de cinquante mille francs. Il semblait, d'après cette réponse, que si le don était d'un prince, du moins il n'était pas d'une munificence princière; le duc d'Orléans, qui se révélait par sa signature, gardait l'incognito par le chiffre du bienfait. On se contenta de cette excuse au château, malgré les observations de quelques serviteurs endurcis qui prétendaient que son altesse se servait d'un acte d'économie pour déguiser un acte d'opposition.

Ce léger nuage n'empêcha point qu'à la solennité du sacre de nouvelles faveurs allassent chercher la famille d'Orléans. M. le duc de Chartres, le favori de madame la duchesse de Berri, reçut le cordon bleu et fut nommé colonel d'un régiment de hussards dont son père était colonel-général. A cette cérémonie du sacre, M. le duc d'Orléans fit éclater son dévouement d'une manière remarquable, et Charles X fut touché de l'expression vive et enthousiaste d'une affection à laquelle il pouvait croire, car il l'avait méritée.

Cependant à la fin de l'année 1825 il y eut un certain refroidissement entre le château et la maison d'Orléans. L'intelligence si parfaite des deux branches cessait dès qu'il s'agissait de la manière dont on devait entendre la gestion des fortunes princières. La branche aînée croyait que, pour des personnes du sang royal, donner c'était administrer. La branche cadette avait à ce sujet des idées peut-être un peu moins grandes, mais à coup sûr beaucoup plus exactes. Or, en parcourant des actes de famille, ce formidable conseil du contentieux que l'on a vu organisé dès les premiers jours par son altesse, avait retrouvé des parchemins qui semblaient donner à la maison d'Orléans des droits de propriété sur une grande étendue de dunes, marais, prés, landes, bruyères, dont trois cents communes du département de la Manche jouissaient de temps immémorial. Une action judiciaire fut ouverte contre trente mille propriétaires intéressés dans ce débat. Déjà des mémoires avaient été publiés à ce sujet, et des jugements rendus, lorsque Charles X, vivement frappé de l'impopularité qui s'attachait à ces procès intentés par un prince de sa maison aux communes, témoigna à M. le duc d'Orléans son mécontentement royal. Il lui rappela à cette occasion le fâcheux effet qu'avaient produit en 1824 les poursuites qu'il avait intentées contre la ville de Paris au sujet de la dessiccation des eaux de l'Ourcq, et son obstination qualifiée d'*invincible* par la commission nommée par la ville afin de clore une contestation si nuisible pour le commerce et l'assainissement de la capitale.

Sur ces observations, M. le duc d'Orléans retira l'instance entamée contre les communes de la Manche. Mais cette instance fut bientôt reprise par une compagnie cessionnaire des droits du prince.

Pendant que la famille d'Orléans accroissait ainsi par toutes les voies son immense fortune, madame la duchesse de Berri voyait grandir ses joies et ses espérances avec ses enfants.

Henri-Dieudonné était resté pendant ses six premières années entre les mains des femmes, suivant l'usage établi pour les enfants de France, et Madame de Gontaut avait rempli avec une grande supériorité les hautes fonctions qui lui avaient été confiées. Il annonçait un caractère vif, mais plein de bonté, et une intelligence qui, dès ses premières années, s'appliquait à tout avec une rare facilité. On avait inventé pour lui un moyen d'émulation digne de la race aumônière dont il sortait. On récompensait sa bonne conduite et son travail par des bons que payait son aïeul. Le montant de ces bons était destiné à habiller, le jour de la Saint-Henri, six vieillards et six enfants. Il était encore entre les mains des femmes qu'il savait déjà garder un secret; et pour préserver un de ses serviteurs d'une disgrâce, il refusa, même au roi qu'il craignait, de lui nommer celui de la bouche duquel il tenait un mot qui avait une odeur trop prononcée de caserne, et que le jeune prince avait laissé échapper dans un mouvement d'impatience. Il était né pour ainsi dire avec des goûts militaires. A cinq ans, par les jours de belle gelée, il aimait à aller établir ce qu'il appelait son camp, sur la pelouse de l'Élysée-Bourbon, avec son uniforme de grenadier de la garde, le sac, le bidon, tout l'équipage du soldat; on allumait un grand feu dans le jardin, il faisait bouillir une marmite, et jamais il ne manquait d'envoyer de son bouillon à sa mère et au roi, qui s'amusaient beaucoup de cette courtoisie de bivouac. Un jour il avait écorché, par étourderie, avec son sabre, la figure d'un des valets du Château; madame de Gontaut lui demanda aussitôt l'arme coupable. « — Non, répondit-il, du haut » de sa dignité de cinq ans, je ne re-» mets pas mon sabre à une femme. » Et il courut le remettre à l'officier des gardes qui était à quatre pas de là.

Ces anecdotes faisaient le charme de l'intimité royale, et madame la duchesse de Berri puisait de nouvelles espérances dans cette enfance à la Henri IV, qui, s'annonçant par de vives et intrépides saillies, aimait à jouer au camp et s'échauffait déjà à la vue d'une épée.

Cependant l'époque où le prince devait passer dans les mains des hommes était arrivée. Le roi avait choisi, pour gouverneur, le vertueux duc de Montmorency. La mort vint l'enlever, avant qu'il eût commencé à remplir ces fonctions, qu'il appelait *un immense et redoutable fardeau, l'effroi de sa faiblesse et la perpétuelle occupation de sa conscience*. M. le duc de Rivière fut désigné pour le remplacer.

Ce fut le 15 octobre 1826 que Henri de France fut remis entre les mains de son gouverneur. La scène fut solennelle et touchante. Après la messe, madame la duchesse de Berri conduisit son fils dans le cabinet du roi. Madame la vicomtesse de Gontaut, qui l'accompagnait, tenait le jeune prince par la main; elle le mena auprès de son aïeul. Alors Charles X adressa ces paroles à M. le duc de Rivière: « Duc de Rivière, je vous » donne la plus grande preuve de con- » fiance et d'estime, en remettant à vos » soins l'éducation de l'enfant de la Pro- » vidence, qui est aussi l'enfant de la » France. Je suis sûr que vous apporte- » rez dans ces importantes fonctions un

» zèle et une prudence qui vous donne-
» ront des droits à toute ma gratitude,
» à celle de ma famille et de tous les
» Français. »

Trois jours auparavant, madame de Gontaut avait adressé à M. le duc de Rivière une longue lettre. Elle doit être conservée, comme l'expression la plus authentique du point auquel était arrivée l'éducation de M. le duc de Bordeaux, lorsqu'il fut confié aux soins de son gouverneur.

« Monseigneur le duc de Bordeaux vient d'entrer dans sa septième année; dans peu de jours, mon cher duc, ce précieux dépôt passera de mes mains dans les vôtres. C'est avec sagesse que l'ancien usage a établi la mesure des deux éducations, attribuant à mon sexe le soin de préparer les facultés physiques et morales au développement important qui entre dans les attributions du vôtre. C'est en suivant toujours l'impulsion de mon cœur, que j'ai rempli facilement une tâche pour laquelle il ne m'a fallu que lui.

» Je n'ose me flatter que vous puissiez tirer beaucoup d'utilité des notes que vous m'avez demandées sur le tempérament, le caractère et le mode d'éducation de notre jeune prince; je ne saurais cependant me refuser au plaisir de parler de lui; c'est encore une satisfaction pour moi de peindre ses qualités naissantes.

» La santé de monseigneur le duc de Bordeaux est généralement très-bonne; elle n'a éprouvé que de légères variations, et s'est considérablement améliorée, surtout depuis un an. J'attribue cet avantage à un régime strictement suivi.

» Ma seule méthode d'éducation a été une observation continuelle ; profitant de tout pour améliorer et instruire, ne laissant jamais échapper le moment d'un tort, pour amener celui de la réflexion. Je voyais tout, j'entendais tout, rien n'a pu m'être caché. Les détails les plus minutieux ont été dirigés par moi ; les défauts même des personnes attachées à l'éducation étaient surveillés, la moindre flatterie réprimée, la vérité scrupuleusement et sévèrement observée.

» Monseigneur et MADEMOISELLE me croient aveuglément ; car ils savent que je ne les ai jamais trompés, même en plaisantant ; j'ai mis à ce soin beaucoup d'attention. Une plaisanterie que l'esprit d'un enfant ne peut comprendre, l'embarrasse, lui ôte l'aisance de la confiance, l'humilie et l'irrite même, s'il peut croire qu'il a été joué.

» Monseigneur a encore plus besoin de ces ménagements que la plupart des enfants : la droiture et la générosité de son caractère le portent à tout prendre au sérieux. Quand il croit apercevoir que l'on fait de la peine à quelqu'un, celui qui lui paraît opprimé devient alors l'objet de son vif intérêt; il prend sa défense avec chaleur, et n'épargne pas les reproches aux personnes qu'il aime le mieux; il montre même, dans ces occasions, une énergie qui contraste avee la timidité naturelle de son caractère. Avec un tel enfant, j'ai dû éviter soigneusement l'ombre même d'une injustice.

» Il chérit avec une tendresse extrême MADEMOISELLE ; il est doux, complaisant, attentif pour elle. J'ai toujours évité entre leurs Altesses Royales les petites contestations de l'enfance ; quelque peu importantes qu'elles paraissent d'abord, elles font naître l'habitude de discussions qui finissent insensiblement par aigrir le caractère.

» J'ai tâché de garantir leurs Altesses Royales, autant que possible, du danger des caprices, ne souffrant pas de retour sur une décision prise, et tenant invariablement à celles que j'avais annoncées.

» Il faudra du temps, de l'amitié, de la tendresse, pour obtenir la confiance de Monseigneur. Les traits de son visage m'indiquent l'état de son âme ; il parle peu de ce qu'il éprouve ; il a beaucoup de sensibilité, mais un pouvoir sur lui-même remarquable à son âge; je l'ai vu souffrir sans se plaindre.

» On a été frappé des efforts qu'il a faits pour surmonter une timidité que je me suis particulièrement attachée à vaincre. J'ai pu lui faire comprendre la nécessité pour un prince de parler à des étrangers, d'un air noble, gracieux, intelligible. Ce soin m'a constamment occupée, et les progrès dont on a été frappé, cette année, pendant le voyage de Saint-Cloud, sont dus à sa tendre soumission envers moi et au désir touchant qu'il me témoigne de suivre mes avis.

» Les leçons de son Altesse Royale ont été souvent publiques, pour les personnes qui m'ont témoigné le désir d'y assister. Monseigneur y a gagné de l'aisance, de l'assurance, et j'y ai trouvé l'avantage de faire connaître, autant que possible, la justesse de son esprit et une docilité d'autant plus remarquable, qu'elle est jointe à une extrême pétulance, qui peut être regardée comme son seul défaut; elle s'est manifestée dès le berceau. Je me suis attachée à en prévenir, ou du moins à en terminer promptement les petits accès. Monseigneur cède toujours à une bonne raison, et n'a jamais résisté à l'inébranlable fermeté que j'ai cru devoir employer comme base indispensable d'une éducation solide.

» J'ai vu souvent Monseigneur, au milieu d'une vivacité, être arrêté par un seul regard; un mot d'amitié calme sa colère, et j'ai été obligée souvent de le consoler d'un tort qu'il m'avouait avec franchise. Je me suis toujours appliquée à lui ôter tous moyens, tous prétextes de me cacher ses fautes ; une mauvaise honte conduit imperceptiblement à la dissimulation et au mensonge. Je suis heureuse d'affirmer que Monseigneur est vrai jusqu'au scrupule. J'ai cru nécessaire, en raison de la vivacité de son caractère et de la haute destinée qui l'attend, de le contraindre à réfléchir avant d'agir. Le mot justice est un vrai charme pour lui. Je n'ai jamais vu un cœur plus loyal.

» Par égard pour l'éducation que quitte Monseigneur, je crois de mon devoir de donner une explication exacte, et à la lettre, des connaissances acquises jusqu'à ce jour, et dans le cas, mon cher duc, où vous désireriez suivre dans les plus petits détails, depuis treize mois, l'éducation passée du précieux enfant qui va vous être confié, jetez les yeux sur le journal qui a été écrit par chaque maître, vous trouverez le bien et le mal inscrits jour par jour, avec la plus minutieuse vérité.

» Je dois rendre hautement justice aux personnes que j'ai chargées de m'aider dans l'éducation de Monseigneur et Mademoiselle, elles peuvent aussi avoir la satisfaction d'avoir loyalement rempli leur devoir. Ce témoignage leur est dû, d'autant plus que des progrès étonnants ont été obtenus de leurs Altesses Royales, sans nuire à leur santé, ni même les fatiguer. Les leçons courtes, animées, aussi intéressantes que gaies, occupant à la fois l'esprit et les yeux, la mémoire et l'intelligence, sont séparées par de longues récréations.

» Un enfant prince, exposé à être

loué, court le risque de se croire un prodige. Pour obvier à cet inconvénient, Monseigneur et MADEMOISELLE ont souvent des cours d'enfants de leur âge. J'ai cherché par ce moyen à leur donner l'habitude de voir des succès sans envie, et d'en obtenir sans vanité. J'ai mis un soin particulier à n'admettre, dans l'intimité des études et des jeux, que des enfants bien élevés; ceux mêmes dont j'étais de plus sûre, étaient surveillés, il est si nécessaire de tout entendre; car rien dans l'éducation n'est indifférent, et l'exemple est d'une conséquence immense. Cette surveillance est sans doute fatigante pour un chef, car elle est de tous les instants; mais je la trouve d'une telle importance, que je ne me suis jamais permis une négligence dans ce devoir.

» Dans toutes les occasions, j'ai cherché à ramener l'esprit de Monseigneur le duc de Bordeaux vers la morale et la religion ; je m'en suis servie comme frein, je l'ai présentée comme espérance, mais j'ai pensé que le jeune âge de Monseigneur ne comportait point encore l'enseignement de ses dogmes. Avec l'assentiment du Roi et de MADAME, j'ai fait commencer seulement le *Petit-Catéchisme*, réservant à des mains plus habiles une tâche qui leur convient essentiellement.

» J'ai eu un scrupule qui peut paraître minutieux, et comme tel, je l'avoue : c'est de n'avoir jamais permis à personne de rester seul avec ce précieux enfant, m'étant fait une loi constante d'avoir entre lui et moi, un témoin nuit et jour, dans les leçons, les réprimandes, les punitions ; il me semblait que je répondais à chaque Français de cet enfant de France.

» J'ai toujours voulu être jugée, tant j'ai sincèrement cherché à remplir mon devoir envers la famille royale, qui avait daigné me témoigner une si flatteuse confiance. Mon caractère naturellement prononcé se serait difficilement prêté aux avis de chacun : mais, dans la pensée que tout Français considère cet enfant comme le sien propre, loin de me blesser des conseils qui m'étaient offerts, j'étais heureuse d'adopter pour le bien une idée qui n'avait pas été conçue par moi.

» Il est temps, mon cher duc, de terminer cette longue lettre dans laquelle j'ai cherché à vous tracer naïvement la première éducation de notre cher prince. Ma tâche est remplie : le passé n'est plus rien pour moi, c'est dans l'avenir que je cherche, que j'entrevois un grand prince. Qu'il le soit donc, ce cher enfant; qu'il réponde au prodige de sa naissance, à tous nos vœux! Qu'il soit pieux sans superstition, savant sans orgueil, qu'il puise sa force dans sa loyauté, dans sa sagesse! Puisse-t-il enfin être un jour votre gloire et l'honneur de la France!

Vicomtesse de GONTAUT. »

Il est curieux de rapprocher, à la distance de huit années, les germes des qualités avec leur développement, les promesses avec leurs effets, Henri-Dieudonné jeune homme, avec Henri-Dieudonné enfant.

LIVRE SEPTIÈME.

LIVRE SEPTIÈME.

La duchesse de Berri reste étrangère à la politique. — Les évènements l'emportent sans qu'elle s'y mêle. — Deux grandes dates dans sa vie. — Rapide aperçu de la situation. — Fin du long ministère de M. de Villèle. — Causes de sa chute. — Craintes de la royauté et de la bourgeoisie. — Essai de conciliation. — Le ministère Martignac. — Voyage de MADAME dans les provinces de l'ouest et du midi. — Elle visite Chambord. — Son admiration pour le chef-d'œuvre du Primatice. — Magnificence de l'architecture et beautés du paysage. — M. de Calonne reçoit la princesse. — Elle parcourt les appartements. — Elle inscrit son nom près de la fleur de lys. — Ses paroles à un Vendéen. — Son entrée en Vendée. — Caractères du voyage de MADAME. — Sa réponse à quelqu'un qui lui parlait des mauvais chemins de la Vendée. — Mesdames de Charette, de Larochejacquelin, de Bonchamps, de Susannet, deviennent ses dames d'honneur. — MADAME prie dans l'église de Saint-Florent, à l'endroit où Bonchamps a pardonné. — Le cri de *vive le roi!* et le *De profundis* à Quiberon. — Aspect de la contrée. — Les restes des armées catholiques et royales se lèvent pour venir au-devant de la princesse. — Les cimetières couverts de drapeaux blancs. — On montre à MADAME la maison de Cathelineau. — On lui rappelle l'histoire de d'Elbée et celle de Henri de Larochejacquelin. — Saint-Aubin. — Beaupréau. — Paroles de MADAME. — La princesse en face du monument de Charette. — Enthousiasme des paysans. — Réceptions dans les châteaux. — Lagrange. — Clisson. — Servant. — Vezin. — Fêtes. — Les repas en plein air. — Musique. — Le Binion, la Vèze et les coups de fusil. — MADAME dans une chaumière vendéenne. — MADAME et les curés vendéens. — Impressions produites sur l'esprit de MADAME par son voyage en Vendée. — La campagne de 1832 en germe dans le voyage de 1828. — MADAME dans le Midi. — Pélerinage au château où naquit Henri IV. — MADAME revient à Paris.

Nous l'avons déjà dit, pendant la restauration MADAME ne se mêla point à la politique. N'ayant, d'après les lois du royaume, aucune action régulière sur les affaires d'état, la politique ne venait point à elle, et elle était trop franche et trop fière pour descendre jusqu'à l'intrigue. D'ailleurs il entrait dans son caractère de ne pas rechercher les occasions de prendre de l'ascendant. Quand un devoir se présentait, elle était prête. On eût dit qu'il y avait deux personnes en elle, la jeune femme qui se plaisait dans les bals et dans les divertissements, la princesse qui, en face d'une grave circonstance, sentait bouillir dans ses veines le sang de Marie-Thérèse. C'est là le double point de vue sous lequel elle s'était fait connaître depuis son mariage. Le grand caractère qu'elle cachait sous l'apparente futilité de ses goûts et la gracieuse étourderie de ses manières, s'était trahi par deux rapides échappées. Presque toute cette époque l'avait montrée bonne et aimable ; le 13 février et le 29 septembre la montrèrent courageuse et grande.

La position de neutralité que MADAME conserva durant toute cette période, dispense de suivre, avec quelques détails, des événements auxquels elle n'eut point de part. Cependant il importe de marquer les phases principales de l'histoire politique ; car, si MADAME n'exerçait aucune influence sur la situation, elle n'en était pas moins emportée par cette situation qui s'avançait vers le but avec une incroyable rapidité. Au milieu de l'agitation des partis et du mouvement des opinions, la duchesse de Berri restait immobile, mais le sol marchait sous ses pas.

Le long ministère de la restauration venait de finir après sept ans d'existence ;

M. de Villèle avait quitté le pouvoir. La situation qui avait déterminé sa chute remontait à M. Decazes. La conduite de ce ministre avait jeté dans les esprits le germe d'une double défiance. Il avait, d'un côté, appris aux royalistes que sous le gouvernement du roi ils pouvaient être exclus, pour ainsi dire, du pays par un ministre tout-puissant, et il leur avait montré la révolution grandissant pour leur perte. D'un autre côté, il avait désigné les royalistes au public comme des hommes qui, par une réaction systématique, voulaient remonter le cours des âges et replacer la société dans des conditions qui n'étaient plus celles du siècle.

Ces deux idées se développant ensemble dans un haineux voisinage, finirent par étouffer le ministère de M. de Villèle dans leur choc.

Les royalistes, se croyant menacés, voulaient prendre des garanties contre la révolution. Les classes moyennes, prévenues par le ministère de M. Decazes que les royalistes voulaient faire rétrograder la société jusqu'à l'ancien régime, crurent que c'était contre elles et non contre la révolution qu'on prenait des garanties. Alors un esprit de terreur panique s'acclimata en France. Une confusion déplorable s'établit entre les hommes alarmés pour leurs droits, et les hommes qui conspiraient contre les droits du trône.

La classe moyenne si puissante et si nombreuse dans ce pays, cette classe qui avait accueilli avec tant d'enthousiasme la maison de Bourbon, entra peu à peu dans les voies d'une opposition hostile, et le ministère de M. de Villèle tomba devant un mouvement de bourgeoisie, derrière lequel la révolution cachait le petit nombre de ses adhérents et la faiblesse de ses ressources..

Le ministère de M. de Martignac fut l'expression de cette situation difficile. On peut le regarder comme un essai tenté pour séparer la révolution de la bourgeoisie, pour donner satisfaction à celle-ci, sans cesser de se mettre en garde contre celle-là. Œuvre presque impraticable, surtout au point où en étaient les esprits et les choses; car les concessions qu'on donnait à la bourgeoisie qui n'était que prévenue, afin de la rassurer, la révolution qui était ennemie en profitait pour attaquer. Le bouclier que la royauté accordait aux classes bourgeoises, la révolution le replaçait sur la forge et s'en faisait une épée.

Dans ces circonstances, la royauté sembla sentir le besoin de se montrer aux peuples comme pour resserrer les liens qui semblaient au moment d'être rompus. Il fut décidé que le roi Charles X visiterait les provinces de l'est, et madame la duchesse de Berri celles de l'ouest et du midi.

Depuis longtemps madame la duchesse de Berri désirait faire ce voyage. Son itinéraire était largement tracé. Elle devait traverser la Touraine et s'arrêter un moment au château de Chambord, offert par les municipalités du royaume à son fils. Ensuite elle parcourrait l'Anjou, la Vendée et le Poitou, et elle se rendrait par nos provinces méridionales jusqu'à Bordeaux, la capitale de l'ancien duché de Gascogne, et la côte fidèle qui avait donné son nom à l'héritier du trône.

Madame partit de Paris le 16 juin 1828. Après s'être arrêtée un moment à Menars chez le loyal duc de Bellune, et plus loin, chez le vénérable duc d'Avaray, elle traversa la Loire à la hauteur du petit village de Carrault, malgré un orage qui rendait ce passage assez dangereux. Tout Chambord était venu au devant d'elle. Ainsi entourée de ces braves gens qui lui exposaient naïvement leurs besoins, et conversant familièrement avec eux, la duchesse de Berri se rendit à pied à Nonant, où l'attendait sa calèche. La foule augmentait à mesure qu'elle approchait du château, et tous les alentours étaient là, en habits de fêtes, répandant sur son passage des acclamations et des fleurs. Elle fit son entrée dans le parc par la porte de Muids, sans gardes et sans suite. Il n'y avait là qu'une population nombreuse et pleine de joie, représentant la France qui avait donné ce beau domaine, et madame la duchesse de Berri représentant le prince son fils qui l'avait reçu.

MADAME fut vivement frappée de l'imposant aspect du château (1). Ces innom-

(1) « Ce bâtiment est situé en une plaine à quatre lieues de » Blois, du costé d'orient, prochain d'une lieue de la rivière » de Loire. Le logis est accompagné d'un bois assez grand; » au pied d'iceluy logis; du costé de la rivière, se présente un » marest avec un canal, par le moyen duquel on pourrait pra- » tiquer de grandes beautés, et qui donneraient beaucoup de » contentement. La commodité du dedans a été ordonnée » avec raison et sçavoir; car au milieu et centre est un escalier » à deux montées, percé à jour, et entour iceluy quatre salles » desquelles on va l'une à l'autre en le circuisant. Aux quatre » encoignures d'entre chaque salle y a un pavillon garni de » chambres, garde-robbes, cabinets et montées. Plus ès qua- » tre coings de la masse de tout le bastiment se voyent quatre » grosses tours, garnies à chacune estage de toutes commodi- » tés, comme chambres, garde-robbes, privés, cabinets et » montées. Cet édifice a trois estages sans le galetas, estant

brables dômes, cette multitude de tourelles qui font de Chambord plutôt une espèce de cité royale, qu'un simple palais ; ces terrasses jetées comme de gracieuses couronnes sur les hauteurs de

» aux quatre pavillons et ès quatre tours, les quatre salles du
» troisième estage sont voûtées, sur lesquelles il y a quatre ter-
» rasses, régnantes à l'entour de l'escalier, ainsi que les salles.
» Quant à l'escalier, il règne en hautteur au-dessus d'icelles,
» selon l'ordonnance que je vous ai figurées par les dessins des
» élévations. Oultre plus, autour de ce corps de logis que
» j'appelle le donjon, est la cour, régnante en trois costés qui
» sont fermés de bastiments dont les bas estages servent d'of-
» fices; et le dessus ce sont terrasses qui ont été ainsi ordon-
» nées pour garder les vues du dict donjon ès encoignures de
» ces derniers édifices. Vous voyez par dehors quatre grosses
» tours, pareilles à celles du donjon, dont les deux plus loin-
» taines ne sont avancées que jusqu'au premier estage, encore
» qu'au-dessus de l'élévation je les aye faites : et aux deux cos-
» tés plus prochains du mesme donjon, sont élevés les estages
» au-dessus des terrasses d'une certaine longueur ; à l'une des-
» quelles est comprise une salle, garde-robbe et montée, et à
» chaque estage, ainsi que à chaque angle d'iceux par dedans,

l'édifice; cette façade si pittoresque et si variée dans son unité, tout contribua à lui inspirer une muette admiration. Le chef-d'œuvre du Primatice lui apparaissait dans sa gloire. Il semblait que le

» il y a une montée par la cour, de fort bonne ordonnance, » qui sert pour la commodité de membres prochains. »

Pour compléter ce tableau de l'architecte Ducerceau, nous y ajouterons la description qu'en a faite un des plus savants hommes du dix-septième siècle, André Duchesne, dans ses *Recherches curieuses sur les villes et châteaux de France*.

« Car enfin que je mette en compte les maisons de plaisance, » les palais et les autres chasteaux que quelques seigneurs ont » fait bastir assez richement, cestuy-ci de Chambord est bien » le plus merveilleux en toutes pièces rares qu'il y ait guère en » l'Europe, et comme l'abrégé de toute l'industrie humaine » de son temps. Le grand roi François Ier y fut servi partout » avec tant d'ordre, de conduite et de jugement, que toutes » les parties de son architecture se ressentent de la grandeur » de l'un des plus grands rois du monde.

» Cette royalle maison a sa vue jusque sur la ville de Blois, » encore qu'elle en soit distante de trois lieues, et limitée de » tous costés de prez, eaux et forêts. Riche d'un escalier qui » n'a point son pareil en la France estre tellement et si lar-

temps qui court ailleurs, se fût arrêté sur ces bords, et le siècle de François Ier se levait brillant et majestueux devant la mère de l'enfant qui devait un jour occuper son trône.

» gément composé, qu'un grand nombre d'hommes y peuvent » monter et descendre diversement et en même temps sans » s'entrevoir, et pour être l'un de ses côtés industrieusement » dérobé de l'autre. Je laisse à l'œil des curieux les chambres, » antichambres, salles, garde-robes, cabinets, portiques et » galeries. Comme aussi le jardin, et celui même qu'on ap» pèle de la royne, grand de cinq arpents de terre, au bout du» quel, vers la forêt de Blois, vous remarquerez une allée large » de six toises et longue de plus d'une demi-lieue, embellie de » plus de quatre rangs d'ormeaux plantés à six pieds l'un de » l'autre, montant à plus de six mille, et si adroitement ali» gnés au niveau, que ceux du roi des Perses, tant vantés de » l'antiquité, ne seraient rien auprès. Pour dire que si nostre » Henry, ce grand amateur des bastiments, y eut fait encore » ce qu'il a faict ailleurs, cette seule maison eust passé en ex» cellence et en grandeur toutes les autres, vu qu'en l'estat » qu'elle est maintenant on la tient assez ample pour loger tous » les princes de l'Europe, et semble qu'elle met derrière soi » tout ce que jamais l'architecture a produit de singulier. »

MADAME fut reçue à la porte du château par M. le comte Adrien de Calonne, celui qui avait eu l'heureuse idée de faire offrir Chambord à M. le duc de Bordeaux par les municipalités du royaume. M. le comte de Calonne adressa à son Altesse Royale ces paroles : « MADAME » vient visiter un donjon riche en sou- » venirs. Elevé par le roi-chevalier pour » signaler la renaissance des arts, il fut » habité par Louis-le-Grand. Il y ac- » cueillit un souverain dont on cita long- » temps les vertus et les bienfaits. Si » l'on y déposa sous ses voûtes les lau- » riers de Fontenoy, l'auguste mère de » Henri y ajoutera un souvenir bien plus » précieux. Monument de l'amour des » Français pour les Bourbons, Cham- » bord doit perpétuer d'âge en âge la mé- » moire du 29 septembre auquel la

» France doit la sécurité de son avenir. »

Madame voulut visiter en détail ce château, sorte d'histoire colossale des siècles écoulés, mais histoire taillée dans la pierre par le génie de l'homme. Elle admira d'abord le magnifique escalier du Primatice, qui la conduisit aux appartements (1). Là de nouvelles surprises l'attendaient. C'est la merveilleuse perspective qu'elle découvrit, du haut

(1) Cet escalier à double vis est le premier que l'on ait construit dans ce genre. Mademoiselle de Montpensier en fut émerveillée; elle en parle ainsi dans ses mémoires : « Une des » plus curieuses et des plus remarquables choses de la maison, » c'est le degré fait d'une manière qu'une personne peut mon- » ter, l'autre descendre, sans qu'elles se rencontrent, bien » qu'elles se voient. A quoi Monsieur prit plaisir à se jouer » avec moi. Il était au haut de l'escalier lorsque j'arrivai; il » descendit quand je montai, et riait bien fort de me voir » courir dans la pensée que j'étais de l'attraper. J'étais bien » aise du plaisir qu'il prenait et je le fus bien plus encore » quand je l'eus joint. »

des terrasses du donjon. La Loire qui roule ses eaux à l'extrémité du parc, le parc lui-même avec ses six mille arpents de bois, coupés par de majestueuses avenues, cet antique château de Blois qui s'élève en rappelant le souvenir de ce factieux de haute taille qui paya de tout son sang les convoitises du sceptre ; pour clore l'horizon, la flèche de l'église de Cléry où repose un roi de France ; en-deçà, cette multitude de châteaux, cour brillante qui se presse autour de Chambord comme autrefois leurs nobles possesseurs se pressaient autour du monarque ; enfin les magnifiques forêts de Blois, de Bussy et de Boulogne, vieux restes de ce comté de Blois qui faisait partie de la dot de Valentine de Milan, cette veuve d'un prince assassiné, qui fut l'aïeule du *père du peuple*.

Après avoir contemplé pendant quelques minutes cet admirable paysage, la princesse voulut monter jusqu'à la Fleur de Lys qui est le point le plus élevé du château. En descendant, MADAME prenait plaisir à lire les noms et les inscriptions qui couvrent les murailles de l'escalier. Toutes les époques et toutes les conditions de la société étaient représentées par d'innombrables signatures. L'homme, ce passant des siècles, aime à laisser sur les monuments qui lui survivent les traces de son passage. MADAME demanda un poinçon : « J'aime ces souvenirs, dit-elle, je veux écrire mon nom ; j'aurai du plaisir à le voir quand je viendrai chez le duc de Bordeaux. » Alors elle grava ces mots sur la pierre :

18 juin, MARIE-CAROLINE (1).

(1) Par une singulière concordance de dates on fit le 18 juin 1832, une visite domiciliaire à Chambord pour y saisir Madame la duchesse de Berry qui y était, disait-on, cachée.

Au moment où MADAME sortait des appartements de Chambord, on lui présenta un ancien Vendéen, adjoint de la mairie de Malives. La princesse s'approcha de lui et lui dit avec une vive émotion: « Vous êtes Vendéen, monsieur; je vais voir votre pays avec bien du plaisir. Il y a longtemps que je désire voir la Vendée. J'en approche, et j'en suis ravie. »

Ce fut à Saumur que commença, à proprement parler, le voyage de MADAME dans ces immortelles provinces de l'ouest qui soutinrent contre la république une lutte de géants. Saumur est en quelque sorte la porte de la Vendée historique, ou, si l'on aime mieux, c'est la première station de la passion de la Vendée, qui monta à son calvaire en laissant derrière elle les traces de ses victoires, et la marque de son sang généreux. A partir de ce point, on entre dans la gloire de la Vendée. Chaque buisson rappelle un combat, chaque pierre un beau nom. Henri de Larochejaquelein, ce victorieux qui conquit en deux ans une éternelle renommée et qui, devint un grand homme à l'âge où l'on cesse à peine d'être un enfant; Cathelineau le saint de l'Anjou; Stofflet, ce hardi garde-chasse dont la guerre fit un célèbre capitaine; le pieux Lescure, le miséricordieux Bonchamps; tous ces paysans sublimes qui se trouvèrent avoir le cœur aussi haut placé que les plus illustres gentilshommes, tous ces vaillants gentilshommes qui désapprirent la guerre du champ de bataille, pour apprendre la guerre du bocage, la guerre primitive avec ses surprises et ses embuscades, la guerre de la Vendée; telles sont les images qui vous entourent de toutes parts dès qu'en passant le seuil de Saumur, vous avez mis le pied sur cette terre héroïque.

Le voyage de MADAME à travers ces contrées eut un caractère tout particulier. Ce ne fut point un de ces voyages officiels dont tous les détails sont marqués par le cérémonial, et où l'enthousiasme échelonné sur la route attend les princes d'étapes en étapes pour les saluer d'inévitables félicitations. Pendant tout un mois, MADAME se mit à vivre en famille avec la Vendée, dont les enfants étaient morts pour sa race. Elle laissa, à l'entrée de cette province d'héroïsme et de simplicité, le faste et l'étiquette des cours. Elle voulut tout voir et être vue par tous. A ceux qui lui parlaient des difficultés insurmontables de la route, des obstacles qu'on rencontrerait à chaque pas dans ce pays de haies et de bocages, inaccessible aux voitures et que le cavalier ou le piéton peuvent seuls parcourir, elle répondait : « Dans les mauvais chemins, je me ferai Vendéenne. »

Elle s'était faite Vendéenne, selon sa parole, en mettant le pied sur la terre consacrée par le sang des héros et des martyrs. Entourée de mesdames de Charette, de Larochejaquelein, de Bonchamps, de Suzannet, qu'on pouvait appeler à juste titre les dames d'honneur de la Vendée, elle parcourait la contrée à cheval. Dans cette province belliqueuse où les femmes elles-mêmes devinrent soldats pour combattre la république, il seyait à une princesse de la maison de

Bourbon de montrer qu'elle savait oublier les délicatesses de son sexe et surmonter la faiblesse de sa complexion par la force de son courage. Aussi ce voyage fut presque une campagne.

C'était chaque jour quelque fête nouvelle, de ces fêtes pieuses dans lesquelles les souvenirs des morts projettent leurs ombres mélancoliques à travers les joies des vivants. MADAME entrait-elle dans une église pour entendre la messe; une voix murmurait à son oreille : « C'est ici le clocher de Saint-Florent, qui vit cinq mille blessés sauvés par l'ordre de Bonchamps expirant à quelques pas du lieu où MADAME est placée. » Approchait-elle de Quiberon; elle entendait, en même temps, le cri de *vive le roi* s'élever vers le ciel, et le sombre *de profundis* retentir sur la tombe de ceux qui, trente ans avant cette époque, étaient morts à ce cri sur cette plage inhospitalière. Cette terre de Vendée semblait s'animer, et palpiter et frémir sous les pas d'une princesse de la maison de Bourbon. Les vieux débris des armées catholiques et royales s'avançaient à sa rencontre, en déployant avec fierté les vieux restes de leurs drapeaux usés par les batailles. Alors c'étaient des scènes d'une admirable simplicité et d'une solennité inexprimable. Les villages venaient frapper à la porte des châteaux pour les enrôler dans leurs joies, comme ils étaient venus y frapper jadis, pour enrôler Lescure, Larochejaquelein, d'Elbée, Charette, dans la sainte guerre de la Vendée, commencée par de simples paysans pour leur Dieu et pour leur roi. La contrée se couvrait sur toute sa surface de drapeaux blancs. La cabane avait le sien comme le château, et c'était justice, car dans cette sublime insurrection vendéenne, le château avait reçu le mot d'ordre de la cabane. Les cimetières, eux-mêmes arboraient, sur leurs tombeaux, de blanches bannières; et c'était justice encore, car ceux-là devaient être au triomphe qui avaient été à la peine. Ne fallait-il pas d'ailleurs qu'on sût bien que, dans cette fidèle terre de Vendée, tout était aux Bourbons, le passé comme le présent, les vivants comme les morts, tout le pays enfin au-dessus comme au-dessous du sol?

MADAME allait d'émotion en émotion. On lui redisait, sur les lieux mêmes, les merveilles dont ils avaient été le théâtre. C'était une magnifique épopée que cette épopée remarquable racontée sur l'emplacement des champs de bataille, par ceux qui en avaient été les témoins, en présence de quelques héroïques débris de ces immortelles bandes.

Ici le voiturier Cathelineau, quittant le pain qu'il pétrissait pour aller battre les plus belles armées et les meilleurs généraux de la république, était devenu tout-à-coup grand capitaine, et, depuis ce jour, on l'avait vu devinant la guerre et improvisant la victoire.

Plus loin, M. Henri, Henri de Larochejaquelein, avait prononcé sa fameuse harangue : « Si j'avance, suivez-moi; si je recule, tuez-moi; si je meurs, vengez-moi! » Pendant une année tout entière, la Vendée l'avait suivi; avec quelle gloire! vous le savez, et quand elle s'arrêta, ce fut pour planter une croix sur une tombe, auprès de laquelle, dans ses mauvais jours, elle vient encore prier. Et l'on racontait à la princesse les détails de cette victorieuse vie : comment, au combat de Fontenay, on entendit les bleus crier : « Tirez sur le mouchoir rouge ! » parce que M. Henri avait l'habitude d'en mettre un sur sa tête, un à son cou, et plusieurs autour de sa ceinture, pour ses pistolets ; comment, le soir, les officiers supplièrent M. Henri de changer de costume, afin de ne plus servir de point de mire aux balles ennemies. Mais insouciant du péril, le vaillant jeune homme tenait à son équipement, et avec une coquetterie d'héroïsme, il ne voulut pas quitter son négligé des champs de bataille. Ce que voyant, l'armée s'habilla tout entière à la Larochejaquelein, et les bleus ne purent plus crier : « Tirez sur les mouchoirs rouges! »

La princesse arrivait-elle à Beaupreau; on lui racontait comment les paysans vinrent au château du marquis d'Elbée et lui dirent :

« Vous êtes officier du roi, mettez-vous
» à notre tête et marchons contre les ré-
» publicains! » Et d'Elbée leur répondit :
« Mes amis, je sais mon devoir, je mour-
» rai pour défendre le roi; mais vous
» n'êtes point soldats, croyez-moi, restez
» dans vos chaumières! » Alors ces opiniâtres Vendéens reprirent : « Nous vou-
» lons marcher pour délivrer le roi,
» vous êtes officier, conduisez-nous! »
Cependant d'Elbée résistant encore :
« Voici la nuit qui vient, leur dit-il,
» retournez chez vous et réfléchissez au
» parti que vous allez prendre. Demain
» si vous persistez à me suivre, je me

» mettrai à votre tête. Mais pensez-bien » que du jour où vous aurez pris les ar- » mes, il faudra les garder. On brûlera » vos maisons, il n'y aura point de quar- » tier pour vous, point de repos pour vos » familles. Ce ne sont pas seulement des » soldats qu'il me faut, mais des martyrs! » A ces paroles, l'enthousiasme croissait encore. On répétait dans la foule : « Nous » sommes prêts à mourir pour garder nos » prêtres et notre roi! » D'Elbée donna une seconde fois l'ordre de se retirer et il ajouta : « Que ceux qui seront prêts à se » dévouer à tous les malheurs reviennent » demain. Ce soir, je n'accepterai le dé- » vouement de personne ! »

Ils revinrent le lendemain deux fois plus nombreux, et alors seulement d'Elbée tira son épée pour ne plus la remettre dans le fourreau.

Puis on montrait à MADAME la chaumière où, l'étoile de la Vendée commençant à pâlir, le bon Cathelineau, suivant la sublime et simple parole du paysan, son parent, qui annonça sa mort au peuple assemblé devant sa maison, « le bon Cathelineau rendit l'âme à » celui qui la lui avait donnée pour ven- » ger sa gloire! » La princesse avançait et on l'arrêtait pour lui dire : « Ici est mort M. de Lescure. » Là elle posait la première pierre d'un monument élevé à d'Elbée. Ainsi on la conduisait de victoire en victoire et de tombeau en tombeau, jusqu'à cette dernière station, où l'armée campa encore une fois, MM. Bonchamps, Lescure, d'Elbée, étant blessés à mort, et puis effectua enfin ce désastreux passage de la Loire, qui fut la Bérésina de la Vendée.

Ces grands souvenirs ranimaient les

forces de MADAME quand la fatigue venait à l'accabler. Quelqu'un lui parlait-il de la lassitude qu'elle devait éprouver dans ce laborieux voyage, pendant lequel on la voyait toute la journée à cheval, par l'ardeur du soleil de juin, quand le temps la favorisait, et souvent par des pluies d'orage? Elle répondait: « Il est bien juste que je me donne un » peu de peine afin de connaître ceux » qui ont versé leur sang pour nous! » Elle trouvait des paroles qui allaient au cœur de ces populations. Quand elle visita le monument de Charette, par un mouvement spontané, elle quitta le bras de son écuyer pour prendre celui du neveu de l'illustre Vendéen. La princesse, qui représentait la maison de Bourbon, s'appuyant sur le bras d'un Charette, il y avait dans ce tableau une image si vivante et si vraie du passé, qu'un long murmure d'approbation s'éleva autour de MADAME. Il semblait que ce seul geste eut dit tout ce que la royauté française devait à la Vendée.

Dans tout ce voyage, les paysans s'approchaient avec une respectueuse familiarité de madame la duchesse de Berri et conversaient avec elle. Ils aimaient à la voir gouvernant intrépidement son cheval, au milieu des décharges de mousqueterie dont ils saluaient son passage, et on les entendait s'écrier : « Ah la brave petite » femme; elle n'a pas peür ! » Le soir, elle s'arrêtait dans quelque vieux château dont les propriétaires venaient avec empressement la recevoir sur le seuil de leur habitation. Tantôt c'était à La Grange, tantôt à Serrant, tantôt à Coubourcau, tantôt à Clisson, tantôt à Vezin, tantôt à Landebaudière. Si le temps le permettait, elle dînait en plein air, et les Vendéens circulaient autour de la table en tirant de temps à autre quelques coups de leurs vieux mousquets. En Vendée il n'y a point de fête sans coups de fusil : ce peuple de soldats applaudit par les armes. Puis on formait des rondes auxquelles la princesse ne dédaignait point de prendre part, au son du *biniou* et de la *vèze* qui faisaient retentir les vieux airs nationaux du pays ; car, dans cette contrée aux usages tenaces et aux coutumes profondément enracinées dans le sol, les fils dansent au son des airs qui réjouissaient leurs pères, et meurent comme eux au cri de vive le roi.

D'autres fois son Altesse Royale, échauffée par une longue marche, entrait dans une ferme vendéenne pour demander un peu de lait, et quand la fermière revenait du champ voisin, elle trouvait la princesse assise sur une escabelle auprès du berceau, et, selon l'usage de ces contrées, berçant avec le pied le petit enfant endormi. D'autres fois encore on dressait à la hâte une table sur un champ de genêts, comme à Saint-Aubin, par exemple, et l'on aurait dit, à voir ces faisceaux d'armes, ces groupes animés, un rassemblement vendéen se préparant à prendre son repas après une journée de bataille.

A l'entrée de chaque bourg, Madame voyait arriver les curés des paroisses voisines. Presque tous étaient d'anciens soldats dont les mains, avant de tenir la croix, avaient tenu l'épée. Restes de tant de combats, ils élevaient vers Dieu leurs bras mutilés par la guerre, et appelaient ses miséricordes sur les cendres de leurs anciens compagnons d'armes ; c'étaient des confesseurs priant pour les martyrs. La princesse accueillait leurs vœux avec une bonté empressée. Ni fatigues, ni obstacles ne l'arrêtaient quand il s'agissait de donner un peu de joie à ces prêtres vénérables, en allant prier dans la modeste église de leur hameau. MADAME aimait mieux manquer à un château en Vendée, que de manquer à une église ou à une chaumière. Et cependant, nous l'avons dit, on lui faisait de grandes et nobles réceptions dans ces belles et chevaleresques demeures habitées par d'anciennes fidélités. Les châteaux de La Grange, de Serrant, de Clisson et de Vezin se distinguèrent par l'éclat de leur hospitalité presque royale. C'était un coup d'œil admirable que de voir sur les hauteurs des feux immenses s'allumer, pour annoncer de proche en proche l'arrivée de la princesse, et des milliers de Vendéens groupés en armes dans tous les lieux d'alentour; et puis, quand le soir venait, on entendait des chants d'amour et d'enthousiasme qui sortaient des entrailles de cette terre royaliste, et au bruit de ces chants héroïques, on voyait de vieux mousquets noircis par les ans se redresser sur l'épaule de quelque vieux soldat de Bonchamps ou de Cathelineau. (1).

(1) On remarqua surtout la fête donnée au château de Vezin. Toutes les paroisses du pays étaient accourues en armes, conduites par leurs capitaines. Un cri d'enthousiasme éclata lorsque M. Louis de Bourmont chanta ces deux derniers couplets d'un chant vendéen :

Fille des rois, regarde à ton passage
Ces Vendéens que le sort accabla ;
Si la fortune a trahi leur courage
L'honneur jamais ne les abandonna.

Cette tournée dans les provinces de l'ouest fit une profonde impression sur l'esprit de MADAME; les événements qui suivirent n'en effacèrent point la trace. Il sembla dès lors à la princesse qu'il existait un pacte tacite entre elle et la Vendée. La campagne de 1832 était en germe dans le voyage de 1828.

Elle continua sa route vers Bordeaux en traversant la ville de Blaye, dans laquelle on lui avait préparé une entrée

Comme autrefois, au fort de la tempête,
Chacun ici veut signaler sa foi,
Et, si beaucoup manquent à cette fête,
C'est qu'ils sont morts pour leur Dieu, pour leur roi.

Un vent léger règne encore au bocage,
Et loin de nous pourtant l'orage a fui;
Nous espérons qu'aucun autre nuage
N'obscurcira le beau ciel d'aujourd'hui.
Mais si jamais..................

magnifique. Sa marche dans le Midi fut un triomphe.

Les populations méridionales firent succéder leur enthousiasme ardent et plein de verve, à l'enthousiasme plus grave et plus sévère de la Vendée. L'expression de l'amour changeait, mais l'amour restait le même. Bordeaux reçut avec des acclamations la mère du prince qui portait le nom de cette grande et puissante ville. La princesse parcourut tous les lieux environnants, et déployant une activité extraordinaire et un courage viril, elle fit dans les Pyrénées plusieurs excursions aussi périlleuses que fatigantes, et atteignit dans un de ces voyages la cime du Viguemal, le pic le plus élevé de ces montagnes. Au milieu de ces courses, Marie-Caroline fit un pélerinage à Pau, pour visiter le château où naquit Henri IV. Les Bourbons en revenaient toujours à ce grand nom et à ce grand souvenir qui, pour eux et pour la France, était tout un symbole.

Enfin sur la fin du mois de septembre, MADAME dut songer au retour. Après avoir traversé une grande partie du royaume, elle rentra le Ier octobre à Paris, à peu près à la même époque où Charles X revenait de sa royale tournée dans les provinces de l'est, enivré des hommages qu'il avait reçus de toutes ces populations accourues sur son passage; et persuadé que les obstacles qui s'amoncelaient contre sa dynastie n'étaient que des nuages qu'un vent favorable chasserait bientôt du ciel.

LIVRE HUITIÈME.

LIVRE HUITIÈME.

Circonstances au milieu desquelles intervient le ministère du 8 août. — Craintes de la royauté et de la classe moyenne. — Imminence d'une crise. — Madame la duchesse de Berri à son retour à Paris rentre dans ses habitudes. — Emploi ordinaire de son temps. — Une journée de MADAME. — Ses audiences. — Sa définition de la vérité. — Le budget ordinaire et extraordinaire des pauvres. — Les pétitions. — Quelques traits de bienfaisance. — MADAME emprunte à son contrôleur général pour subvenir aux besoins des indigents. — Emploi des revenus de la princesse. — Sa manière de penser sur les devoirs des princes. — Ses revenus et ses dépenses. — Économie domestique. — Ordre et régularité. — Magnificence de MADAME. — Ses bals. — Anecdotes. — M. le duc de Chartres est l'âme de ces fêtes. — Intimité toujours croissante des deux branches. — Affaire du testament du prince de Condé. — MADAME contribue à décider M. le duc de Bourbon à prendre M. le duc d'Aumale pour héritier. — Les d'Orléans sont de si bonnes gens! — Les Bourbons de Naples traversent la France se rendant en Espagne. — Entrevue de la duchesse de Berri et de son père. — Ses paroles à la nouvelle reine d'Espagne, sa sœur. — Le roi de Naples à Paris. — Fête à Rosny. — Fête au Palais-Royal. — Magnificence de cette soirée. — Mot de Charles X. — Physionomie du bal. — Émeute du jardin. — Derniers temps du ministère de M. de Polignac. — Dénoûment de la situation qui remontait à M. de Cases. — Les ordonnances ne sont pas la cause de la révolution de juillet, elles n'en sont que l'occasion.

Nous touchons à la catastrophe qui précipita la maison de Bourbon sur la terre étrangère, et la France dans les épreuves d'une révolution. La royauté disparaissant environnée de l'éclat d'une victoire récente, le trône balayé du sol par une tempête que les passions couvaient depuis quinze ans, et qui souffla sur la capitale pendant trois jours ; la maison de Bourbon allant retrouver ses exils, tels sont les graves événements qui vont frapper MADAME la duchesse de Berri dans ses affections les plus chères, et ouvrir devant elle une nouvelle carrière où on la verra marcher à de nouvelles destinées.

Le roi Charles X et son Altesse royale MADAME n'avaient rien vu, dans leur voyage à travers la France, qui pût alarmer leur prévoyance et justifier les sinistres prophéties qui commençaient à montrer un sombre avenir. Ils étaient revenus pleins d'espoir, et il semblait que les acclamations qui avaient accueilli leur passage fussent des promesses et non des menaces. Mais, sous ces apparences, fermentait une situation pleine de périls. Derrière l'opposition parlementaire, une conspiration politique se cachait. Chaque jour la crise s'aggravait par les défiances que cette conspiration inspirait au pouvoir qui ne faisait point la distinction, d'ailleurs assez difficile dans cette époque d'hypocrisie politique, entre ceux qui combattaient les mesures ministérielles et ceux qui voulaient renverser la dynastie. Toutes les précautions que la royauté voulait prendre pour se mettre à l'abri du parti révolutionnaire devenaient un épouvantail pour la classe moyenne, qui craignait l'anéantissement de ses droits politiques; et l'opposition ardente de la classe moyenne devenait, à son tour, un épouvantail pour la royauté, qui, élargissant le cercle de ses adversaires, commençait à voir partout des ennemis. Les hommes qui avaient tenu les affaires pendant la première révolution et l'empire, et qui voulaient que la maison de Bourbon restât toujours à leur merci, contemplaient avec joie les progrès d'une opinion dont ils avaient été les promoteurs. Il leur convenait que la royauté demeurât toujours en état de tutelle. Forte, elle aurait pu secouer leur protection, faible elle devait implorer leur joug. Ils redoublaient donc les alarmes publiques, et comme il arrive toujours, dans de pareilles circonstances, chacune des deux parties prenait pour des menaces les craintes de la partie adverse; on se mettait de l'un et l'autre côtés sur la défensive, on armait pour prévenir la guerre, de tous les moyens le plus sûr pour l'amener.

Ce fut dans ces circonstances que le roi crut devoir appeler aux affaires le ministère du 8 août. Dans la pensée royale, le ministère du 8 août était un ministère de défensive; mais il était impossible qu'il ne passât point pour un ministère d'offensive dans l'esprit de la bourgeoisie. Dès lors une crise devint probable, et la conviction où chacun était qu'un conflit devait éclater, rendit ce conflit plus imminent.

La duchesse de Berri, depuis son retour, était rentrée dans le cercle ordinaire de ses habitudes. Ces habitudes étaient devenues pour elle une règle, et chaque heure de sa journée avait son emploi. Lorsque MADAME arriva en France, elle se levait très-tard. Monseigneur le duc de Berri, qui trouvait les journées moins longues pour les princes que pour les autres hommes, se montra contrarié de cet usage; et, à partir de cet instant, la princesse ne voulut plus rester au lit que six heures, l'hiver comme l'été. Dès que MADAME était levée, elle demandait ses enfants, qui recevaient pendant une demi-heure ses instructions maternelles, et avec qui elle aimait à engager ces douces et familières causeries, de toutes les éducations la plus simple et la meilleure. En les quittant, elle entendait la messe dans son oratoire, puis elle déjeunait. Venaient ensuite les promenades, qui avaient toujours un but utile. Tantôt la princesse portait des consolations et des secours dans les hôpitaux, tantôt elle visitait les grands établissements industriels pour lesquels sa présence était toujours un encouragement. Ces promenades duraient habituellement jusqu'à une heure. En rentrant, MADAME présidait à l'éducation des deux filles de monseigneur le duc de Berri; ce legs sacré avait été recommandé à sa tendresse par le prince mourant. Et son Altesse Royale remplit, avec une religieuse exactitude, la tâche quelle s'était imposée, jusqu'au jour de leur mariage.

Le reste de la matinée était consacré aux audiences. MADAME accueillait sans distinction tous ceux qui avaient des demandes à lui faire ou des réclamations à lui présenter. Quoique ces réceptions durassent quelquefois jusqu'au dîner, MADAME ne trouvait jamais le temps long. Comme on lui représentait un jour qu'elle devait être fatiguée: « Pas du tout, répondit-elle, pendant tout ce temps on me dit la vérité, et en ma qualité de princesse, j'éprouve autant de plaisir à l'entendre que les gens du monde à lire les romans. »

La même régularité se retrouvait dans

l'administration de la maison de MADAME. Les pauvres avaient chez elle un budget ordinaire et extraordinaire. Le dixième de son revenu était d'abord destiné d'avance à secourir les malheureux et versé par douzième dans la caisse de son premier aumônier; c'était la dîme de l'indigence. La distribution était faite avec sagacité et intelligence, son Altesse Royale y présidait elle-même. Un valet de chambre lui remettait tous les soirs les pétitions et demandes de secours de la journée, qu'elle classait, de sa propre main, par ordre alphabétique, et qu'elle enregistrait en les numérotant. Quelle que fût l'heure à laquelle rentrait MADAME, jamais cette occupation n'était remise au lendemain. Le secrétaire particulier faisait ensuite le dépouillement de ces pétitions, et il en présentait à MADAME une courte analyse. La princesse écrivait en marge ce qu'elle voulait donner; mais, afin de ne pas prodiguer à des pétitionnaires indiscrets l'argent qu'elle considérait comme le patrimoine des véritables indigents, elle faisait prendre sur les divers solliciteurs des renseignements dont elle tenait note sur un registre à part. Lorsque le même nom reparaissait souvent, MADAME consultait ses notes pour repousser les demandes qui se renouvelaient plus fréquemment que les besoins, et pour donner, selon son expression, aux plus pressés. On le voit, c'était presque tout un gouvernement chez MADAME, que l'administration de la charité.

Ce qu'était le budget ordinaire des pauvres chez cette princesse, on vient de le dire, il faut dire maintenant ce qu'était leur budget extraordinaire. Outre le dixième de son revenu, MADAME ouvrait encore sa bourse particulière à ces indigences d'autant plus respectables qu'elles ont la noble et fière pudeur de la misère honnête, qui attend le bienfait au lieu d'aller au devant de lui. C'était aussi la bourse particulière qui subvenait à ces nécessités pressantes qui trouvaient la bienfaisance de MADAME toujours prête, mais qui surprenaient quelquefois sa caisse au dépourvu. Il arriva même plus d'une fois à la princesse de recourir à des emprunts. Ainsi une pauvre femme venait d'accoucher de trois enfants, et n'ayant pas compté sur ce luxe de maternité, elle était un peu embarrassée de son bonheur, ou plutôt de ses trois bonheurs, pour lesquels il fallait trouver trois nourrices, trois layettes et trois berceaux. L'heureuse mère ne savait quel parti prendre; la princesse était presque aussi embarrassée; on était à la fin du mois, la caisse du premier aumônier était vide, la bourse particulière de MADAME était également épuisée. « Prêtez-moi de l'argent, » dit enfin son Altesse Royale au contrôleur général de sa maison (1), « je » vous rendrai cela sur ma bourse parti» culière; vous me ferez crédit, j'en suis » sûre, et personne ne ferait crédit à » cette malheureuse ! »

Madame la duchesse de Berri avait pour principe qu'il doit en être des princes comme du soleil qui ne pompe l'eau

(1) M. Nichols, qui remplissait ses fonctions avec tant de zèle et d'intégrité, que lorsqu'il se présenta à Holy-Rood pour rendre ses comptes à MADAME, cette princesse lui fit présent de son portrait.

des fleuves que pour la rendre en rosée et en pluie. Elle considérait sa liste civile comme le bien de tous, administré par elle. Les arts et l'industrie la partageaient avec les pauvres. On la retrouvait dans toutes les expositions et dans tous les magasins pour acheter ce qu'ils offraient de plus remarquable. Tantôt elle conservait ces objets, tantôt elle les envoyait en présent à sa famille de Naples, de Vienne, de Madrid, et ses lettres recommandaient vivement dans les capitales étrangères tout ce qui paraissait d'utile et de beau en France. Elle était ainsi, de toutes manières, la providence des arts, de l'industrie et du commerce.

La dotation de la princesse était de 1,500,000 francs, sa dot de 100,000 francs de rentes de Naples, son domaine de Rosny rapportait, année moyenne, 130,000 fr. total 1,730,000 francs.

Quand on songe aux charités de MADAME et à ses magnificences, on conçoit difficilement qu'elle ait pû ne pas porter le chiffre de ses dépenses au delà du chiffre de ses revenus. Aussi quelques personnes, mal instruites, l'accusaient-elles de contracter des dettes; mais lorsque vint le jour des révélations de juillet, on apprit que MADAME ne devait aux fournisseurs que le mois courant, et en moins de quatre mois la liquidation fut opérée.

C'est qu'il n'y avait pas en France une maison particulière où il regnât plus d'ordre que dans celle de son Altesse Royale. Chaque chef de service, madame la duchesse de Reggio, madame la vicomtesse Just de Noailles, M. le vicomte de Brissac, et M. le comte de Mesnard, présentait son budget et réglait d'avance les dépenses avec MADAME. Ce budget était payé par douzième, et MADAME exigeait qu'on lui représentât, avant le 15 du mois suivant, les mémoires acquittés du mois échu.

C'est ainsi qu'étrangère à la politique, madame la duchesse de Berri renfermait son influence, d'abord dans le domaine de la charité, ensuite dans celui de l'élégance et du goût.

Elle donnait souvent de ces bals qui, rappelant par leurs costumes les différentes époques et les différents personnages de notre histoire, faisaient intervenir les beaux-arts dans les plaisirs. Ce fut dans une de ces fêtes qu'un homme qui occupait un modeste emploi dans la maison de Charles X, ayant accompagné le roi chez MADAME, se permit, sans avoir reçu de billet d'invitation, de danser vis-à-vis la princesse. Cette inconvenance fut remarquée, et le jeune indiscret fut obligé de quitter le bal. MADAME, qui n'avait pu s'opposer à cet acte de sévérité, entendit murmurer autour d'elle qu'une destitution pourrait bien punir celui qui venait de se retirer, de la licence qu'il avait prise : elle se rendit le lendemain, avant sept heures, chez le roi, et intercéda vivement en faveur du pauvre employé. « Il a été cruellement puni hier, » disait-elle, « et il ne faut » pas lui ôter aujourd'hui ses moyens » d'existence pour une étourderie bien » excusable. » La bonté de MADAME persuada facilement l'indulgence du roi.

M. le duc de Chartres, qui déjà n'était

plus un enfant, était l'âme de ces réunions et de ces fêtes ; il se montrait plus assidu que jamais dans les salons de madame la duchesse de Berri et auprès de MADEMOISELLE.

L'idée d'un mariage qui rapprocherait encore les deux branches de la maison de Bourbon souriait de plus en plus aux deux familles, et commençait à s'accréditer dans le public.

Chaque jour MADAME donnait à la branche cadette de nouvelles preuves de cette affection dont les témoignages étaient déjà si nombreux. Il se présenta vers cette époque une occasion importante où elle servit les intérêts du Palais-Royal avec une chaleur et avec un zèle qui excita au plus haut degré la reconnaissance de M. le duc d'Orléans.

La maison de Condé était au moment

de s'éteindre. Napoléon, qui, par une punition de la Providence peut-être, ne devait laisser après lui qu'un fils condamné à une mort prématurée, avait anéanti les espérances de cette race illustre, dans les fossés de Vincennes. L'immense succession des Condé apparaissait donc comme une riche proie à qui saurait la saisir. M. le duc d'Orléans, qui avait toujours poussé à un très-haut degré le génie de la propriété et l'esprit de famille, songea de bonne heure à fixer cet héritage sur la tête de l'un de ses enfants. L'œuvre était difficile. M. le duc de Bourbon avait conservé les préventions peu favorables que son noble et loyal père, M. le prince de Condé, avait toujours manifestées pour les d'Orléans. Ces deux branches cadettes de la maison royale avaient tenu, on le sait, une conduite tout-à-fait opposée, dans la révolution française. M. le prince de Condé, déployant le drapeau blanc sur le Rhin et appelant les royalistes à marcher à la délivrance du roi ; et le prince Louis-Joseph d'Orléans Égalité, prononçant dans le procès de Louis XVI un vote régicide, avaient été les deux pôles de la politique. Les rapports étaient donc excessivement rares entre le Palais-Royal et le palais Bourbon, et ils n'avaient rien d'intime ni d'affectueux. Loin de songer à léguer sa fortune à la famille d'Orléans, M. le duc de Bourbon, qui voulait d'abord la laisser à M. le duc de Bordeaux et à MADEMOISELLE, aurait été plutôt disposé à la transmettre, sur le refus du roi et de MADAME, à l'un des Bourbons d'Italie frère de cette princesse ; venant s'établir en France, le prince dont nous parlons aurait été un appui naturel pour son royal neveu, monseigneur le duc de Bordeaux.

Tant d'obstacles auraient découragé un négociateur moins expert et moins courageux que M. le duc d'Orléans. La difficulté était trop grande pour l'aborder de face; il prit un biais. Madame la baronne de Feuchères, qui devait tout aux bontés de M. le duc de Bourbon, exerçait à cette époque une grande influence dans sa maison. M. le duc d'Orléans la fit pressentir sur les services qu'elle pourrait lui rendre dans cette importante affaire, promettant à son tour qu'elle n'aurait point à se repentir de son zèle et de son dévouement pour les intérêts du Palais-Royal. Ce compromis se traita tout-à-fait diplomatiquement.

Si M. le duc d'Orléans postulait pour

l'un de ses fils la fortune de la maison de Condé, madame de Feuchères nourrissait une autre ambition. Née dans une classe obscure, elle attachait un grand prix à atteindre le seul honneur qui lui manquât dans la haute sphère où la protection du prince l'avait placée; elle désirait vivement être présentée à la cour. Elle mit donc pour condition expresse à son alliance offensive et défensive dans la guerre de la succession qui allait s'ouvrir, que M. le duc d'Orléans s'engagerait formellement à négocier et obtenir sa présentation au château.

M. le duc d'Orléans, qui avait donné à madame de Feuchères un avant-goût de cette grâce signalée, en la recevant avec une courtoisie pleine de politique, et en décidant madame la duchesse d'Orléans à la recevoir, contracta l'engagement qu'on lui imposait. Dès lors madame de Feuchères entra en campagne et elle agit avec tant de vigueur et de suite, que, trois mois à peine passés, M. le duc de Bourbon se sentit vaincu. Voulant échapper à ces assauts toujours renouvelés, qui troublaient son repos et compromettaient la tranquillité de ses derniers jours, le malheureux prince écrivit à M. le duc d'Orléans pour lui demander sa protection contre sa formidable alliée, et le supplier d'inviter madame de Feuchères à mettre un terme à des persécutions désormais sans objet, puisqu'il se rendait et consentait à faire son testament au profit du petit duc d'Aumale, qu'on désignait à sa bienveillance avec une victorieuse opiniâtreté.

Madame de Feuchères avait rempli sa promesse, c'était à M. le duc d'Orléans d'exécuter la sienne; et il importait de l'exécuter sans retard; car, ce que la baronne avait fait, elle pouvait le défaire, et il était à la fois juste et prudent de la contenter. Mais l'accomplissement de l'engagement pris à son égard n'était pas chose facile. On avait fort peu de disposition aux Tuileries à recevoir madame la baronne de Feuchères, et, la première fois que madame la duchesse d'Orléans parla de cette personne à madame la Dauphine, la princesse lui dit avec un étonnement mêlé de sévérité : « Quoi ! » vous avez vu cette femme-là ! » Madame la duchesse d'Orléans répondit : « Que voulez-vous! je suis mère, j'ai » une nombreuse famille, je dois songer » avant tout aux intérêts de mes en- » fants. »

Dès ce moment, madame la duchesse

de Berri, qui, avec sa bienveillance accoutumée, avait insisté auprès de M. le duc de Bourbon pour qu'il fît ses dernières dispositions en faveur de M. le duc d'Aumale, reçut madame la baronne de Feuchères. Madame la Dauphine elle-même se laissa fléchir, et le roi Charles X, qui, sollicité par MADAME, avait déjà fait savoir à M. le duc de Bourbon qu'il verrait avec plaisir la fortune des Condé passer à l'un des fils du chef de la branche cadette, se prêta avec une parfaite bonté à faire ce que toute la famille royale lui demandait en faveur du premier prince du sang.

Quand cette affaire, si importante pour le Palais-Royal, fut conclue, la duchesse de Berri, prenant part à la joie que devaient éprouver son oncle et sa tante, s'écria avec vivacité : « Ah! tant

» mieux! Ces d'Orléans sont de si bonnes » gens! »

Ce fut vers le même temps que les Bourbons de Naples traversèrent la France, pour conduire en Espagne la princesse Christine, qui devait épouser le roi Ferdinand VII. Madame la duchesse de Berri, heureuse de revoir sa famille après une si longue absence, obtint du roi Charles X la permission d'aller la recevoir dans les provinces méridionales, par lesquelles elle devait passer. Cette entrevue eut quelque chose de solennel et de touchant. Le père de son Altesse Royale avait envoyé en France sa fille à peine sortie de l'enfance, timide et craintive au milieu de cette foule qui se pressait pour la voir: il retrouvait en elle maintenant une jeune femme pleine de grâces; une princesse qui avait montré, dans deux grandes circonstances, une fermeté de caractère et un courage que la France et l'Europe avaient admirés; la mère de l'héritier du trône, qui, placée entre un souvenir de deuil et une espérance nationale, se présentait sans crainte aujourd'hui à ces populations qui l'aimaient, et pour ce qu'elle leur avait donné, et pour ce qu'elle avait souffert.

Dans cette royale réunion, tous les cœurs étaient à la joie. Ces Bourbons de Naples se félicitaient de revoir la France, ce grand pays de leurs ancêtres, et ils se réjouissaient de l'amour qui entourait, dans ce beau royaume, leur fille bien-aimée. Tout semblait leur sourire. En dépassant les Pyrénées, ils se disaient que toutes les contrées qu'ils laissaient derrière eux seraient un jour rangées sous le sceptre de leur petit-fils, et que toutes celles qui s'étendaient de l'autre côté de ces montagnes, qui, depuis Louis XIV, ne sont plus une frontière, allaient avoir pour reine celle de leurs filles qu'ils conduisaient avec eux.

La princesse Christine fut vivement frappée de l'aspect de la France; elle ne pouvait se lasser d'exprimer l'admiration que lui inspirait la magnifique contrée qu'elle traversait. Elle ne semblait point impatiente de passer les Pyrénées, quoique, de l'autre côté des Pyrénées, elle fût attendue par un trône; la France, qu'elle voyait pour la première fois, lui avait tout fait oublier. Ce fut alors que madame la duchesse de Berri lui adressa ces paroles : « Ah! ma sœur, ne la re-
» garde pas trop : tu ne pourrais plus
» la quitter! »

Le roi de Naples avait pris l'engagement de venir visiter le roi de France à Paris en repassant les Pyrénées. Madame la duchesse de Berri ne put, cette fois, à cause de l'état de sa santé, aller au-devant de son père jusqu'à la frontière; mais elle le reçut à Chambord, et elle lui fit les honneurs du château au nom de son fils. Ce fut le 12 mai qu'eut lieu la première entrevue des deux monarques. MADAME présenta ses enfans à ses parens de Naples avec une joie et une fierté de mère, qu'elle ressentait toutes les fois qu'elle parlait de son fils et de sa fille.

Le voyage des Bourbons d'Italie en France fut le signal des fêtes. On remarqua celle de Rosny, qui se distingua de toutes les autres par l'élégance et par la grâce. M. le duc d'Orléans, qui tenait de si près aux Bourbons d'Italie, voulut aussi célébrer leur arrivée en France, et l'on prépara tout au Palais-Royal pour une soirée dont les magnificences devaient laisser un long souvenir.

Les familles royales de France et des Deux-Siciles y étaient invitées; deux rois, les princes, les princesses, les illustrations de l'armée, les puissances de la tribune, le ministère et l'opposition, la gauche, la droite, les centres, se pressaient dans les vastes salons de M. le duc d'Orléans. Les terrasses couvertes d'orangers et de fleurs de toute espèce semblaient continuer les salons par des jardins suspendus. C'était une féerie que la merveilleuse illumination qui, de loin, faisait ressembler le Palais-Royal à un palais enchanté.

A neuf heures du soir, le roi de France, le roi et la reine de Naples, M. le Dauphin, madame la Dauphine, madame la duchesse de Berri, le prince de Salerne arrivèrent au Palais-Royal. Ils furent reçus au bas du grand escalier par le duc d'Orléans et ses deux fils, les ducs de Chartres et de Nemours.

La soirée était magnifique; tout respirait l'allégresse; et, au milieu de cette atmosphère de lumière, de fleurs et d'harmonies, le vieux monarque se prit à penser à sa flotte, qui traversait dans ce moment les mers pour aller conquérir un royaume. Il s'avança vers une croisée, et, levant les yeux vers un ciel calme, uni et pur : « Messieurs, dit-il, voici un » beau temps pour ma flotte d'Alger; » dans ce moment, mon armée doit tou- » cher la côte d'Afrique. »

Tandis que le vieux roi prononçait ces paroles, il y avait dans les vastes salons d'autres conversations et d'autres discours. On raisonnait sur les difficultés de la situation ; on ne voyait point d'issue pacifique au problème brûlant qui consumait la société. Au milieu des riantes têtes qui passaient et repassaient couronnées de fleurs, en suivant les sons harmonieux de l'orchestre, on apercevait de temps à autre des figures graves et des fronts plissés qui semblaient faire tache sur la fête. Tous les acteurs du grand drame qui se préparait étaient là : les vaincus à côté des vainqueurs, les accusés à côté des juges, et le château de Ham coudoyait le palais du Luxembourg. Enfin quelqu'un disait dans l'embrasure d'une croisée à celui qui donnait la fête : Nous dansons sur un volcan.

Ce contraste se retrouvait partout. Tandis que, dans l'intérieur des salons, on se livrait avec sécurité au plaisir, il y eut dans les jardins une espèce d'émeute. On arracha les arbustes, on entassa les chaises, et l'on y mit le feu. Les flammes, en montant, firent croire à un incendie, et le vieux roi, au moment où il parlait de la gloire qui allait illustrer ses armes, put apercevoir, du haut de la terrasse, l'émotion populaire qui régnait au dehors; image frappante de ce qui se préparait!

Il y eut, peu de temps après cette époque, un symptôme qui effraya tous les esprits sérieux, et ne leur permit point de conserver d'illusions. Quand la nouvelle de la conquête d'Alger arriva, elle laissa la population froide et sans élan. L'opposition avait fait de si grands progrès, que la victoire elle-même, d'ordinaire si bien reçue en France, devenait impopulaire, par cela seul qu'elle prenait sa date sous le ministère du 8 août. L'espérance de distraire les esprits des préoccupations intérieures par la gloire du dehors, avait donc disparu. Les passions politiques, absorbées dans leurs haines, n'entendaient même plus le bruit du canon qui annonçait nos triomphes. Ceux qui jusque-là avaient persisté à croire à la possibilité d'un rapprochement, commencèrent à désespérer de la fortune de la maison de Bourbon et de celle de la France.

Comment en effet opérer une réconciliation, quand, d'un côté, le pouvoir d'autant plus alarmé, qu'il savait que l'on conspirait contre lui, voyant les mêmes symptômes de résistance dans tous les votes, supposait que la même pensée de conspiration animait tous les cœurs; quand, d'un autre côté, l'opposition, d'autant plus redoutable qu'elle était loin de conspirer tout entière, s'indignait à la vue d'un ministère formé en dehors des conditions de majorité, et prenant les précautions de la monarchie pour des menaces, la poussait elle-même, par une opposition systématique, à sortir du gouvernement représentatif?

Le malheur, le grand malheur de ce temps-là, c'est qu'il y avait une conspiration embusquée dans la Charte. La royauté, pour aller jusqu'à cette conspiration, crut nécessaire d'ouvrir violemment le sanctuaire que la classe moyenne considérait comme le palladium de ses droits. Les ordonnances du 26 juillet furent l'expression de cette situation. La double crainte de la révolution, par les royalistes, et du retour du régime aristocratique, par la bourgeoisie, cette double crainte qui remontait à la politique imprudente et fatale de M. Decazes, produisait ses fruits. La naissance de M. le duc de Bordeaux avait suspendu le résultat, mais elle n'avait pu l'empêcher. L'atmosphère était chargée de haines, il fallait que la foudre éclatât. Les révolutions sont comme les orages; si elles troublent l'atmosphère, elles le purifient; et, lorsque les passions politiques ont long-temps fermenté, lorsque les partis sont arrivés à ce point de ne plus pouvoir ni écouter, ni entendre, alors il faut bien que l'expérience vienne donner ses leçons aux peuples comme aux princes, et si les révolutions ne cessent point d'être dangereuses, elles deviennent nécessaires.

Les choses en étaient là lorsque le ministère formé par M. le prince de Polignac promulgua les ordonnances. Elles ne furent point la cause de la révolution de juillet, elles n'en furent que l'occasion. Mais tel était l'état des affaires que, d'un côté ou d'un autre, cette occasion serait toujours venue. La France ressemblait, à cette époque, à un baril de poudre sur lequel les partis se promenaient en agitant des flambeaux. Il fallait bien que de l'une de ces mains l'étincelle tombât.

LIVRE NEUVIÈME.

LIVRE NEUVIÈME.

La révolution de Juillet. — Aspect de Paris. — Causes de l'insurrection. — La méprise de la royauté et de la bourgeoisie. — La Conspiration. — Crise commerciale. — Souvenirs de l'invasion. — Calomnies. — La classe moyenne ne se mêle que faiblement à l'insurrection. — Aspect de Saint-Cloud. — La Famille royale trompée par des rapports inexacts. — Le 29 juillet M. de Raguse évacue la capitale. — Conséquences de cette faute. — Preuve de sympathie donnée à Madame. — Ses armoiries respectées. — La Duchesse supplie le Roi de la laisser partir pour Paris avec son fils. — Refus de Charles X. — Les négociateurs affluent à Saint-Cloud. — M. de Sémonville. — M. d'Argout. — M. de Vitrolles. — Marche rapide des événements. — Madame aperçoit avec une lunette d'approche le drapeau tricolore sur les Tuileries. — Stupeur du Château. — Inquiétudes de M. le duc de Bordeaux. — Ses paroles. — La Révolution maîtresse de Paris. — M. d'Argout précurseur de M. de Mortemart, ambassadeur de Charles X près la réunion Laffitte. — M. de Mortemart ne paraît point. — M. de Sussy présente la révocation des ordonnances à la Chambre. — M. de Sussy échoue. — Le nom de M. le duc d'Orléans avait été prononcé. — Dialogue de Charles X et de M. de Conny au sujet de M. le duc d'Orléans. — Attitude de M. le duc d'Orléans pendant les Trois-Jours. — Neuilly entre Saint-Cloud et Paris. — Message de M. Laffitte à M. le duc d'Orléans. — Sur un dernier message M. le duc d'Orléans arrive à Paris. — On lui propose la lieutenance-générale. — Il l'accepte. — Abdication du roi Charles et renonciation de Louis-Antoine en faveur de Henri-Dieudonné. — Lettre datée de Rambouillet. — Explications. — Conduite de madame la duchesse de Berri. — De Rambouillet même elle veut venir à Paris. — Le Roi le lui défend. — Longue lutte. — La voiture de S. A. R. reste attelée pendant sept heures. — La princesse verse des larmes en contremandant l'ordre du départ. — La dernière chance de la Restauration s'évanouit. — M. de Lafayette et son arrêt. — M. le duc d'Orléans à l'Hôtel-de-Ville. — Position critique. — L'Hôtel-de-Ville abdique comme Rambouillet. — On dirige l'émeute sur cette dernière ville. — Singulier aspect de cette expédition. — Elle doit échouer. — Elle réussit. — Les trois commissaires. — Entretien du Roi et du maréchal Maison. — Le Roi se décide à partir. — Paroles de MADAME. — Convoi de la monarchie. — Fin de la révolution de Juillet. — Derniers rapports de M. le duc d'Orléans avec la branche aînée. — M. de Mortemart au Palais-Royal. — Le 9 août. — Les deux grands acteurs de cette révolution, M. de Lafayette et M. Laffitte. — M. de Lafayette dispose de la puissance. — M. Laffitte se sert de M. de Lafayette. — La classe moyenne n'est pas révolutionnaire en faisant une révolution.

L'histoire de la révolution de juillet est présente à toutes les mémoires. Qui ne se souvient de ces journées chaudes de colère, où, sous l'ardeur d'un soleil d'Afrique, toute une multitude se rua aux batailles civiles? Les rues de Paris, hérissées de barricades, cette population de soldats que l'Empire, en se retirant, avait semée dans toutes les professions et dans tous les métiers, enivrée de l'odeur de la poudre, et saisissant le mousquet pour venir encore une fois jouer à la guerre, l'enfance avec son insouciance de périls, la jeunesse avec l'ardeur de ses passions politiques, l'industrie fermant ses ateliers et jetant le poids des classes ouvrières dans la balance; quoi de plus? Cette guerre de rues et de carrefours, de barricades prises et reprises, le canon tonnant à coups précipités, le bruit de la mousqueterie, et le tocsin de Notre-Dame, tantôt silencieux, tantôt mugissant, ébranlé qu'il était par les mains populaires; quelques figures parlementaires, pâles et tristes, se glissant dans l'ombre; une bataille qui n'avait que des épisodes, un tableau qui n'avait que des détails; et, au milieu de cette ville dans la plupart de ses quartiers muette et vide, dans un petit nombre d'autres remplie par le tumulte de la guerre, la garde royale s'avançant à pas lents, sans colère, mais aussi sans peur, franchissant des obstacles qui se relevaient derrière elle, et obtenant des avantages sans résultats et des triomphes inutiles : tel fut Paris pendant trois jours.

Si l'on cherchait les causes qui mirent ces masses en mouvement, sans doute on devrait reconnaître que les ordonnances de juillet furent le signal du vaste soulèvement dont Paris fut le théâtre; mais il faudrait en montrer plus haut les véritables mobiles. La grande méprise de la royauté et de la bourgeoisie, qui se craignaient sans avoir des motifs sérieux de se craindre, telle fut l'occasion de la crise. Quant aux élémens de la catastrophe, ce fut d'abord une conspiration essentiellement restreinte, mais toujours prête à tout; mais permanente, qui se cantonna dans la légalité comme dans une citadelle, jusqu'au moment où, l'émeute venant à éclater, elle en fit une révolution. Il faut ajouter encore l'occasion favorable d'une crise commerciale et industrielle, dont la crise politique qui intervint ne permit pas de sonder toute la gravité, mais qui fut une des principales causes qui, mettant trois ou quatre grandes maisons de la place de Paris au désespoir, les déterminèrent à précipiter leurs ouvriers dans l'insurrection, avec la pensée que leur fortune politique sauverait peut-être leur fortune commerciale du naufrage, et qu'on pourrait étayer quelques comptoirs avec les débris d'un trône. Enfin il existait dans les classes populaires un sentiment confus d'indignation et de colère contre l'invasion européenne à laquelle le malheur des temps avait livré la France, et les calomnies perfides d'une presse peu scrupuleuse sur le choix de ses moyens, corrompant ce sentiment noble et patriotique en lui-même, avaient fini par persuader à ces populations que la Restauration et l'étranger étaient solidaires, tandis que, suivant la belle parole de M. Bignon (1), loin d'avoir causé l'invasion, la Restauration, au contraire, en allégea le poids et en rendit les conséquences moins funestes au pays. Ainsi, une double méprise de la royauté et de la bourgeoisie, une conspiration, et, pour ne rien cacher, à côté du mauvais vouloir des ennemis de la royauté, les fautes de quelques-uns de ses minis-

(1) *État politique de la France.*

tres, une vaste crise commerciale, un préjugé populaire, voilà les véritables causes qui enfantèrent la révolution de juillet.

Quant à la classe moyenne qu'on représenta depuis comme ayant accompli cette révolution, on ne la vit guère sur le champ de bataille. Quelques jeunes hommes aux têtes ardentes, heureux de pouvoir rêver, en plein soleil, de république; sept ou huit élèves d'une école célèbre qui, sentant l'odeur de la poudre, ouvrirent, avec l'empressement de leur âge, à la guerre qui frappait à leur porte, sans songer que, quelques mois plus tard, ils seraient allés chercher à la frontière des combats plus utiles, des victoires plus françaises; des journalistes enfin, poussés aux dernières extrémités par la loi contre la presse, tels furent les rares combattants qui se détachèrent de la classe moyenne pour prendre part aux journées de juillet. Les habits n'y parurent qu'en minorité; l'immense majorité appartenait à la veste.

Tandis que ces terribles scènes épouvantaient Paris, on était dans de mortelles appréhensions à Saint-Cloud. Pendant les deux premières journées, on avait trompé le Roi sur la gravité du mouvement. Ce n'était qu'une émeute, disait-on; toutes les mesures étaient prises, la monarchie n'était point en danger. Sous prétexte de ne point alarmer le Roi, on évitait de l'avertir. Toute la famille royale était réunie à Saint-Cloud, à l'exception de madame la Dauphine, qui se trouvait alors à Dijon, et qui n'arriva que vers la fin de la crise. Quand vint le troisième jour, M. le duc de Raguse donna ordre à la garnison d'évacuer la capitale, sans que la raison qui motiva cet ordre ait jamais été bien connue. La troupe ne fut ni chassée, comme on l'a dit, ni poursuivie. Il semblait qu'après avoir en vain tenté de soumettre Paris pendant trois jours, on reconnût que les efforts étaient inutiles, et qu'on se retirât du théâtre de la lutte pour faire cesser un combat désormais sans objet. Cette faute fut capitale dans les négociations qui suivirent. La royauté n'était plus au jeu, elle ne pouvait donc plus disputer la partie. En maintenant des troupes à Paris, elle aurait fait les conditions de l'arrangement qui serait intervenu ; elle ne fut plus même admise à les subir.

Au milieu des scènes de troubles et de violence, madame la duchesse de Berri reçut une grande preuve de la sympathie des classes populaires. Partout les armoiries royales avaient été brisées dès le soir du second jour; les insignes de la couronne et les fleurs de lys avaient été mis en pièces. Cependant aucun marchand breveté de MADAME ne fut ni insulté ni forcé d'abattre son enseigne aux armes de la princesse. « Elle faisait aller le com- » merce, disaient-ils, il ne faut rien faire » à ses marchands. »

Au milieu de cette crise effrayante, où chaque heure, chaque moment emportait une des chances de la monarchie, que faisait-elle, cette princesse, que le péril avait toujours trouvée courageuse, et qui n'avait jamais manqué aux circonstances, quand les circonstances étaient venues la chercher? Elle suppliait Charles X de la laisser partir pour Paris avec son fils. Mais Charles X opposait son autorité de roi et de père à ce hasardeux voyage.

D'ailleurs il ne croyait point les choses assez désespérées pour tenter ce moyen extrême. Les négociateurs n'affluaient-ils pas à Saint-Cloud? On y voyait M. de Sémonville qui venait supplier le Roi de consentir à retirer les ordonnances, sous la condition que la Chambre des pairs et toutes les cours du royaume viendraient à pied à Saint-Cloud demander humblement ce retrait. M. d'Argout était aussi là, hésitant comme la fortune; et, auprès de lui, M. de Vitrolles, qui venait montrer à côté de ces deux visiteurs équivoques, un courage toujours prêt à l'heure du péril, et un nom d'une vieille fidélité.

Toutes ces temporisations consumèrent un temps précieux. Il fallait traiter quand on avait en main un reste de forces, et on se laissait peu à peu dépouiller de ces débris de puissance qui pouvaient rendre les conditions meilleures. Cependant l'insurrection marchait toujours. Le 29 juillet, madame la duchesse de Berri était appuyée snr les lambris d'une fenêtre au deuxième étage du château de Saint-Cloud, et dirigeait une lunette d'approche vers Paris, dont les principaux monuments se détachaient sur un ciel pur, coupé seulement par de rares et légers nuages. Tout-à-coup la princesse ne voit plus flotter le drapeau blanc sur les Tuileries ; une autre bannière le remplace. Elle s'écrie : « Ah! mon Dieu! je vois le drapeau tricolore! » On ne voulut pas la croire d'abord, tant la préoccupation était grande, et tant de faux rapports avaient entretenu la sécurité à Saint-Cloud. Ce fut ainsi que la mère de l'héritier de tant de rois apprit la chute de sa race.

Quant au jeune prince, l'heure des leçons passe, et, pour la première fois, elle passe sans ramener les études accoutumées. L'instant de la promenade arrive, et personne ne se présente pour l'y conduire. A cette interruption de sa vie ordinairement si réglée, il devine qu'un grand désordre a dû avoir lieu. Enfin, le Roi ne l'a point fait appeler, et la nuit approche; à peine a-t-il pu même embrasser sa mère. « Ah! dit-il enfin, de» puis hier, j'ai beaucoup perdu. »

Tout se perdait en effet à Paris au moment même où le jeune prince prononçait cette parole. Tant que les troupes royales avaient occupé la ville, l'attitude des membres de la Chambre des députés, présents dans la capitale, avait été équivoque et indécise. On avait plutôt délibéré qu'agi; les signatures avaient manqué aux protestations; toutes les propositions violentes avaient rencontré des contradicteurs ; les hommes d'ordre avaient pu élever la voix et se déclarer contre les mesures extrêmes, et, parmi eux, s'était distingué M. Casimir Périer, qui, pendant ces jours d'orage, tint tête, le plus long-temps qu'il put, aux passions émues, et, plus tard, subit la révolution, qu'il aurait voulu empêcher. Mais lorsque Paris fut évacué, tout changea de face. Le 29 juillet au soir, M. d'Argout était venu offrir, au nom de Sa Majesté Charles X, aux députés siégeant chez M. Laffitte, le retrait des ordonnances, le renvoi du ministère, un autre ministère formé par M. le duc de Mortemart, et dont le général Gérard ferait partie. Il annonçait en même temps l'arrivée de M. le duc de Mortemart, qui devait se présenter le soir même pour faire officiellement ces propositions à la réunion des députés. La soirée se passa, et M. de Mortemart ne parut point. Il était déjà tard pour être écouté dans la soirée du 29. Le lendemain, dans la matinée, quand M. de Sussy se présenta aux membres de la Chambre des députés, pour leur communiquer les ordonnances dont M. de Mortemart était porteur, il n'était plus temps. Alors, en effet, un nom avait été prononcé, qui compliquait encore une situation déjà si difficile.

Le 31 juillet, M. le vicomte de Conny, dont le courage n'a jamais manqué à l'appel d'un péril, était accouru à Saint-Cloud. Dès qu'il vit le Roi, il s'écria : « Comment » se fait-il, Sire, que, dans les circon» stances terribles où se trouve la monar» chie, M. le duc d'Orléans ne soit point » accouru près de Votre Majesté? »

Le Roi répondit : « Je le crois à Saint-
» Leu ; mais mon cousin n'accéderait
» point aux propositions qui lui seraient
» faites. Le souvenir de son père est pré-
» sent à sa pensée : M. le duc d'Orléans
» nous est attaché. »

Le personnage dont le nom compliquait la situation d'une manière fatale pour la maison de Bourbon, c'était cependant M. le duc d'Orléans.

Par une fatalité singulière, son attitude, pendant le temps de la lutte, avait été, de tout point, semblable à la position politique qu'il avait prise pendant la Restauration. Le duc s'était trouvé, durant le combat, entre Paris et Saint-Cloud, comme durant l'opposition de quinze ans, entre le libéralisme et le château. Neuilly n'avait point dérogé aux habitudes du Palais-Royal. La révolution était dans Paris; la royauté dans la ville la plus voisine de cette capitale; M. le duc d'Orléans se tint dans la banlieue.

Dès le mercredi 28 juillet, à huit heures du matin, M. Laffitte, qui arrivait à Paris, envoya un exprès à Neuilly pour prévenir le prince de l'état de choses dans la capitale, et supplier son Altesse Royale, c'étaient les paroles textuelles du message, *de bien prendre garde aux filets de Saint-Cloud*. Cette nuit du 29 au 30, M. le duc d'Orléans la passa dans un kiosque, au milieu de son parc. Le lendemain, un nouveau message de M. Laffitte avertit le prince que les événements avaient marché, et qu'il devait se décider entre une couronne et un passeport. Le 30 au matin, M. de Mortemart ne s'étant pas présenté à la Chambre des députés, où on l'attendait, une motion habilement préparée par

M. Laffitte, et qui appelait M. le duc d'Orléans à la lieutenance-générale du royaume, fut adoptée par la majorité. Le soir même, M. le duc d'Orléans arriva de Neuilly, et, le lendemain, il accepta, après quelque hésitation, les fonctions qui lui étaient offertes.

Alors il arriva à Rambouillet une chose qui étonna tout le monde, et qui était cependant simple et naturelle. Charles X, étant décidé à renoncer à la couronne, et M. le duc d'Angoulême qui avait en vain demandé à son père l'autorisation de se rendre à Paris, renonçant de son côté à son droit de succession, déférèrent, à leur tour, la lieutenance-générale à M. le duc d'Orléans, par la lettre suivante :

« Mon cousin,

» Je suis trop profondément pénétré
» des maux qui affligent et pourraient
» menacer mes peuples, pour n'avoir pas
» cherché un moyen de les prévenir. J'ai
» donc pris la résolution d'abdiquer la
» couronne en faveur de mon petit-fils le
» duc de Bordeaux.

» Le Dauphin, qui partage mes senti-
» ments, renonce aussi à ses droits en
» faveur de son neveu.

» Vous aurez, en votre qualité de lieu-
» tenant-général du royaume, à faire pro-
» clamer l'avènement de Henri V à la
» couronne. Vous prendrez d'ailleurs
» toutes les mesures qui vous concernent
» pour régler les formes du nouveau gou-
» vernement pendant la minorité du nou-

» veau roi. Ici je me borne à faire con» naître ces dispositions. C'est un moyen » encore d'arrêter bien des maux.

» Vous communiquerez mes intentions » au corps diplomatique, et vous me ferez » connaître le plus tôt possible la procla» mation par laquelle mon petit-fils sera » reconnu sous le nom de Henri V.

» Je charge le comte de Foissac-Latour » de vous remettre cette lettre ; il a ordre » de s'entendre avec vous pour les arran» gements à prendre en faveur des per» sonnes qui m'ont accompagné, ainsi que » pour les arrangements convenables » pour ce qui me concerne et le reste de » ma famille. Nous réglerons ensuite les » autres mesures qui seront la consé» quence d'un changement de règne.

» Je vous renouvelle, mon cousin, l'as-

» surance des sentiments, avec lesquels je » suis votre affectionné cousin.

» *Signé* CHARLES.

» LOUIS ANTOINE. »

On l'a dit, c'était une chose naturelle que cette détermination commune des deux points extrêmes de la politique, qui se rencontraient dans le même choix pour la lieutenance-générale du royaume. La révolution se souvenait de M. le duc d'Orléans au Palais-Royal, Charles X se souvenait de M. le duc d'Orléans aux Tuileries.

Cette lettre qui fut déposée dans les archives était datée de Rambouillet. C'était toujours la même faute : on s'éloignait en traitant. La royauté puissante tant qu'elle eut des troupes à Paris, à peine écoutée quand elle les eut rappelées à Saint-

Cloud, ne fut pas même entendue quand elle parla de Rambouillet.

Cependant il y eut dans cette circonstance une femme qui, de Rambouillet même, pensa changer la face des affaires : ce fut madame la duchesse de Berri. Pendant que la canonnade retentissait, elle avait voulu quitter Saint-Cloud, pour se rendre à Paris. Sentant que chaque pas qui l'éloignait du centre des événements éloignait son fils du trône, elle reprit son projet, quand la cour fut arrivée à Rambouillet. Un officier de sa maison se rendit chez le sous-préfet, M. de Frayssinous, neveu de M. l'évêque d'Hermopolis, et lui porta l'ordre de se procurer des chevaux de poste. Pendant que l'on faisait ces dispositions, MADAME descendit chez Charles X, qui lui répondit que jamais il ne consentirait à ce que son petit-fils courût des chances aussi périlleuses et vînt s'exposer à la fureur des partis. MADAME répondit : « Eh bien ! je n'emmènerai » pas Henri. » Puis elle reprit avec énergie : « J'irai seule, j'irai seule. » Mais les instances de madame la Dauphine furent si vives, et les ordres paternels du Roi si positifs, qu'après bien des efforts, la princesse dut renoncer à sa détermination. La lutte fut longue et opiniâtre; la calèche, attelée de six chevaux de poste, resta depuis midi jusqu'à sept heures dans la cour du palais; et l'on vit alors MADAME pleurer, en contremandant l'ordre du départ.

Il y avait dans ces larmes l'intelligence d'une situation politique. Dans la crise où l'on se trouvait, c'était tout d'être présent. Madame la duchesse de Berri, une fois à Paris, pouvait agir sur la population, neutraliser M. le duc d'Orléans, et embarrasser la Chambre. La fortune est comme les hommes, elle donne tort à l'absence.

Tout alla en effet de mal en pis à partir de cette époque. M. de Sussy, comme on sait, avait en vain présenté à la réunion des députés, siégeant au Palais-Bourbon, le retrait des ordonnances de juillet et la nomination d'un nouveau ministère. La Chambre travaillée par M. Laffitte, qui commençait à parler hardiment de M. le duc d'Orléans, et effrayée par M. de Lafayette, qui n'accepterait, disait-on, aucune transaction avec la branche aînée, renvoya M. de Sussy à l'Hôtel-de-Ville, où M. de Lafayette lui fit la célèbre réponse, que l'histoire a conservée : « Il est trop tard. » M. le duc d'Orléans, de son côté, s'était montré à l'Hôtel-de-Ville, où l'accolade qu'il reçut de M. de Lafayette décida du sort de son Altesse Royale et de celui de la France, en entraînant les masses, dont l'accueil avait été équivoque et dont les dispositions pouvaient tout d'un coup passer de la surprise et de la défiance à une de ces subites colères qui soulèvent les flots de la place publique comme ceux de l'Océan.

Cette épreuve était décisive; jusque-là, deux mouvements avaient cheminé chacun dans leur sens : le mouvement parlementaire et le mouvement de l'Hôtel-de-Ville. Il s'agissait de savoir à qui demeureraient les résultats de la victoire. Si l'Hôtel-de-Ville avait marché sur le Palais-Bourbon, tout était dit : l'Hôtel-de-Ville avait, dans les mains, l'action, cette force décisive dans les crises révolutionnaires. Mais l'Hôtel-de-Ville fit un peu, dans cette occasion, ce qu'avaient fait

Rambouillet et Saint-Cloud : il attendit. Or, dans les révolutions, attendre c'est abdiquer. M. Laffitte qui dans toute cette campagne se montra le général habile, le Warwick de l'Orléanisme, prit aussitôt l'offensive, et conduisit M. le duc d'Orléans vers cet Hôtel-de-Ville qui savait vaincre, mais qui ne savait point profiter de la victoire. Dès-lors le mouvement parlementaire prit le dessus; l'Hôtel-de-Ville s'était suicidé dans un embrassement. Il disparut de la scène. Les abdications du gouvernement provisoire allèrent rejoindre celles de la légitimité. Les hommes d'action cédèrent la place aux hommes du parlement, et ils furent sans force et sans emploi au milieu de la situation qu'ils venaient de laisser échapper.

Nous nous trompons cependant. Le mouvement parlementaire que conduisait alors M. Laffitte, était gêné par la présence des Bourbons de la branche aînée à Rambouillet. La famille royale était trop près pour qu'on pût emporter les suffrages de la Chambre dans la question capitale qu'on allait lui soumettre. Les hommes d'action qui n'avaient point su diriger leurs affaires, devinrent alors les instruments de leurs compétiteurs plus habiles. On transporta sur la route de Rambouillet cet épouvantail qui revint plus tard servir encore les desseins de M. Laffitte en alarmant le Palais-Bourbon. C'était pitié que d'assister au départ de cette armée improvisée. Pleine de ce courage qui court les rues en France, mais sans organisation, sans discipline, les uns entassés dans des charrettes, les autres à pied, ceux-ci dans des carrosses qu'ils avaient arrêtés dans les rues, ceux-là à cheval, elle allait, cette étrange armée, présenter la bataille à douze mille hommes d'excellentes troupes, appuyés par une nombreuse cavalerie et une artillerie formidable. La garde devait prendre infailliblement, en rase campagne, la revanche de cette guerre de rues qu'on lui avait faite pendant les Trois-Jours; or, qui peut dire l'effet qu'aurait produit à Paris, surtout sur les Chambres, un échec éprouvé à Rambouillet par l'armée révolutionnaire? Mais tout réussit au bonheur.

On avait député au roi Charles X trois commissaires pour le décider à sortir de France. Ces trois commissaires, qui précédaient de quelques heures cette émeute que Paris envoyait en poste à Rambouillet, étaient MM. Odilon Barrot, Schonen et le maréchal Maison.

Le Roi voulut entretenir en particulier un de ces personnages, sur lequel il croyait pouvoir compter, car récemment encore il l'avait élevé à la dignité du maréchalat pour l'insignifiante campagne de la Grèce. Charles X lui demanda, sur sa parole d'honneur, s'il était vrai que quatre-vingt mille Parisiens marchaient sur Rambouillet?

M. le maréchal Maison répondit : «Sire, » je ne les ai pas comptés, mais ils sont » beaucoup ! »

« — Enfin, reprit le Roi, croyez-vous » qu'ils soient quatre-vingt mille ? »

« — J'ai l'honneur de répondre à Votre » Majesté que je ne les ai pas comptés, » mais il y en a beaucoup. Ils peuvent » être quatre-vingt mille. »

M. Maison savait cependant que l'expédition de Rambouillet se composait à peine de dix mille hommes, mal armés, et incapables de tenir devant un régiment.

En sortant de cet entretien, on assure qu'il dit : « Nous l'emportons, le Roi
» consent à partir : mais si j'étais à sa place
» et à celle du maréchal Marmont, et que
» j'eusse à ma disposition ces douze mille
» hommes d'excellentes troupes, et ces
» quarante-deux pièces de canon qui n'at-
» tendent qu'un signal, ce sont ces étourdis
» de Parisiens qui s'envoleraient. »

Le Roi avait consenti à partir, en effet, et à quitter la France. Une demi-heure avant, un plan de vigueur avait été adopté; on devait se réfugier en Vendée, et de là, tenir en échec le pouvoir révolutionnaire qui siégeait à Paris. Mais la conversation de Charles X avec M. le maréchal Maison avait tout changé; le Roi voulut éviter une effusion de sang qu'il jugea inutile, et consentit à prendre la route de Cherbourg, où il devait s'embarquer pour quitter le royaume. Alors madame la duchesse de Berri dit à son fils : « Henri, nous » partons ; ils ont méconnu tes droits et » ton innocence ! »

On rédigea à la hâte un dernier ordre du jour pour les soldats fidèles qui auraient encore pu changer la fortune, si on avait voulu se confier à leurs loyales épées ; cet ordre du jour se terminait ainsi : « Le Roi » transmet pour la dernière fois ses ordres » aux braves troupes de la garde qui l'ont » accompagné ; c'est de se rendre à Paris, » où elles feront leur soumission au lieu- » tenant-général du royaume, qui a pris » toutes les mesures pour leur sûreté et » leur bien-être à venir (1). » Tout était consommé ; le convoi de la monarchie prit alors la route de Cherbourg.

(1) Cet ordre du jour est daté de Maintenon.

Ainsi disparut cette royauté qui, la veille encore, s'était montrée à l'Europe et à la France, toute radieuse de la conquête d'Alger. Il ne restait plus d'elle qu'un trône vide, tout taché de sang, dans un palais désert. En vain, voyant son inviolabilité politique lui échapper, elle s'était composé une nouvelle et glorieuse inviolabilité avec les trophées de nos soldats. La main inexorable de la révolution vint arracher l'auguste suppliante des autels de la victoire. Lorsqu'on demanda où était cette royauté puissante, qui remplissait l'Europe de son nom et de sa grandeur, on vous montra quelque chose de triste et de silencieux qui cheminait de ce pas lent dont on marche quand on marche vers l'exil : des femmes éplorées, un vieillard soucieux et le front baissé vers la terre; deux enfants qui cherchaient dans ces scènes de deuil une place pour les joies innocentes de leur âge; quelques-uns de ces vieux soldats qui avaient vu le Kremlin s'écrouler, héroïques témoins de tant de ruines, et maintenant spectateurs d'une ruine plus grande encore; des gémissements, des larmes, des drapeaux qu'on brûlait et dont on buvait la cendre; des mousquets renversés, des fronts mornes, des paroles entrecoupées, tout l'appareil du deuil, enfin des funérailles; c'était la monarchie! Et, moins heureuse que ce sublime Romain, elle ne fut pas écoutée, la royauté française, lorsque jetant un regard de dédain sur les recors politiques qui étaient venus la saisir dans les bras de son triomphe, elle montra du doigt son drapeau planant sur les rochers de l'Afrique, et demanda si l'on n'irait pas rendre grâces au Dieu des armées de la nouvelle conquête de la France.

Tandis que la branche aînée se dirigeait vers son exil, le mouvement parlementaire dont M. Laffitte avait été le promoteur prenait son dernier développement. Lorsque la famille royale était encore à Saint-Cloud, c'est-à-dire dans la nuit du 30 au 31 juillet, M. le duc d'Orléans, s'il faut en croire le secrétaire de M. de Mortemart (1), aurait fait prier ce personnage

(1) Voici comment M. Mazas raconte cette entrevue : « Plus de deux heures après mon départ du Luxembourg, » dans la nuit du 30 au 31 juillet, un envoyé du duc d'Orléans se présenta chez M. de Sémonville, et lui demanda » de le mettre en rapport avec M. de Mortemart, pour lequel » il avait une mission. M. de Sémonville le fit conduire » dans le petit entresol. Cet envoyé annonça qu'il venait de » la part de M. le duc d'Orléans, pour supplier M. de Mortemart de se rendre chez lui dans *l'intérêt de la cause du* » *Roi* : cette dernière considération détermina M. de Morte-

de se rendre chez lui dans l'intérêt de la cause du Roi. Là il lui aurait dit : « Duc

» mart; sa qualité de ministre l'aurait sans doute retenu s'il
» se fût agi d'un tout autre motif. L'officier ajouta qu'il était
» chargé de le conduire dans le lieu où se trouvait le prince.
» Ils sortirent tous deux du Luxembourg vers trois heures du
» matin; les approches du Palais-Royal étaient encombrés
» de bandes armées, bivouaquées sur la place, dans les cours
» et dans les rues adjacentes; tout ce quartier éclairé par les
» lampions placés aux fenêtres des maisons et sur les barri-
» cades, offrait un spectacle terrible et singulier. Le jour
» commençait à poindre. M. de Mortemart a raconté à ses
» collègues de la Chambre des pairs qu'il fut introduit d'abord
» dans l'appartement de M. Oudard, secrétaire du prince;
» tout y était brisé par les balles; puis M. Berthois, aide-de-
» camp du duc d'Orléans, vint prendre M. de Mortemart et
» l'introduisit, après bien des détours, dans une pièce où se
» tenait le prince, qu'ils trouvèrent exténué de fatigue, ac-
» cablé de chaleur et à moitié vêtu. Le duc d'Orléans, en
» apercevant M. de Mortemart, lui dit vivement : « Duc de
» Mortemart, si vous voyez le Roi avant moi, dites-lui qu'ils
» m'ont amené de force à Paris, mais que je me ferai mettre

» de Mortemart, si vous voyez le Roi
» avant moi, assurez-le qu'ils m'ont

» en pièces plutôt que de me laisser poser la couronne sur la
» tête; le Roi m'accuse sans doute de ce que je ne suis point
» allé à Saint-Cloud. J'en suis fâché; mais j'ai été instruit
» que, dès mardi soir, on excitait le Roi à me faire arrêter,
» et je vous avouerai que je n'ai point voulu aller me jeter
» dans un guêpier; d'une autre part, je redoutais que les Pa-
» risiens ne vinssent me chercher; je me suis renfermé dans
» une retraite sûre et connue seulement de ma famille, mais
» hier soir une foule d'hommes ont envahi Neuilly, et m'ont
» demandé au nom de la réunion des députés. Sur la réponse
» que j'étais absent, ces hommes ont déclaré à la duchesse
» qu'elle allait être conduite à Paris avec tous ses enfants, et
» qu'elle resterait prisonnière jusqu'à ce que M. le duc d'Or-
» léans reparût. La duchesse, effrayée sur sa position, trem-
» blant pour ses enfants, m'a écrit un billet très-pressant, avec
» prière de revenir le plus tôt possible. Cette lettre m'a été
» portée par un homme dévoué. Je n'ai point balancé en la
» recevant, et je suis arrivé pour délivrer ma famille; ils
» m'ont amené ici fort avant dans la soirée. »

» M. le duc d'Orléans, après avoir annoncé à M. de Mor-

» amené de force à Paris, mais que je me
» ferai mettre en pièces plutôt que de me
» laisser poser la couronne sur la tête. »

» temart que la réunion des députés l'avait nommé lieute-
» nant-général du royaume, comme un moyen d'empêcher
» M. de Lafayette de proclamer la république, lui demanda
» si ses pouvoirs s'étendaient jusqu'à la faculté de le reconnaî-
» tre dans ses fonctions. M. de Mortemart répondit qu'il ne
» le pouvait pas, qu'il avait même protesté comme ministre
» contre cet acte la veille au Luxembourg, quoiqu'en sa qua-
» lité de Français, il le jugeât très-propre à sauver la patrie
» en mettant un frein à l'anarchie.

» M. de Mortemart se retira en annonçant au duc d'Or-
» léans qu'il allait chercher les moyens de faire connaître au
» Roi la situation des affaires, et la nécessité dans laquelle il
» se trouvait d'être revêtu de pouvoirs plus étendus pour en-
» tamer de nouvelles négociations et les amener à un résultat
» satisfaisant. »

(*Extrait des Mémoires pour servir à l'histoire de la Révolution de* 1830, publiés par M. Mazas, secrétaire de M. de Mortemart.)

Il semble que la présence du Roi près de la capitale était nécessaire pour donner à M. le duc d'Orléans la force ou le pouvoir de persévérer dans cette détermination, car huit jours après cette conversation, la journée du 9 août lui mettant la couronne sur la tête, changea en révolution ce qu'on pouvait encore appeler jusque-là la grande émeute de juillet.

Ainsi s'accomplit la révolution de 1830, révolution dont le débat, élevé entre la classe moyenne et la royauté, fut l'occasion, sans qu'on puisse dire que la classe moyenne en fût l'auteur. En vain le 29 juillet M. Casimir Périer opposa la prévoyante résistance de son jugement, si droit et si éclairé, à l'emportement des passions qui grondaient autour de lui; en vain le Roi choisit dans M. le duc de Mortemart l'homme qu'il regardait comme une des personnifications d'une aristocratie mêlée au mouvement des idées contemporaines, pour qu'il offrît les tempéraments d'un esprit conciliant et modéré, également éloigné des extrémités de la politique. L'absence inexpliquée du second perdit tout, et la présence du premier ne put rien sauver. Dans ces brûlantes heures, la passion qui agit l'emporte sur la sagesse qui conseille.

Il y avait à l'Hôtel-de-Ville cinq ou six hommes tout ruisselants de sueur et tout essoufflés de gloire, qui voulaient tirer les dernières conséquences d'une victoire inespérée. D'une question sociale, ils firent une question de personne. Les souvenirs du vieil Hôtel-de-Ville de 89, dans lequel ils étaient réunis, leur soufflaient dans l'ame je ne sais quelle fièvre de souveraineté, quel vertige de dictature dont ils étaient transportés. Une foule ardente les entourait, toute joyeuse de jouer à la révolution, comme elle avait joué à la bataille. Au milieu de cet entraînement, se rencontra cet homme qui, ayant tous les défauts, sans avoir un seul vice, amoureux des décorations de la puissance plutôt que de la puissance elle-même, n'usurpa jamais, dictateur à courte échéance, que pour abdiquer, et, grand-maître des cérémonies de toutes les révolutions plutôt encore que révolutionnaire, s'entendit toujours mieux à conduire un cortége qu'à conduire un parti. Son ame de vieillard s'épanouit à la vue de ces scènes populaires qui rajeunissaient sa caducité politique. Cet Hôtel-de-Ville paré des trois couleurs, cette foule, ce bruit, ces orateurs, ces armes, ce désordre, cette nuit éclairée de mille feux, tout lui fit illusion. Il crut qu'un feuillet de l'histoire de 1789, venant à se détacher, était tombé en 1830 pour réjouir ses derniers regards, et, lorsqu'il s'agissait de prononcer une parole d'avenir, il se mit à rêver du passé. Mais il y eut deux moments, deux moments rapides où les rêves de cet homme furent des arrêts politiques : 89 vit le premier ; 1830, le second. Etrange exemple des caprices de la fortune, qui va prendre par la main une idole et la place sur le piédestal de l'histoire, mais destinée qui se comprend quand on va au fond des choses! M. de Lafayette eut la position de son génie. Jamais il ne fut un pouvoir, deux fois il fut un interrègne. C'était l'homme du monde le plus propre à occuper la puissance, sans la prendre.

L'histoire des neuf premiers jours d'août, qui, venant ensuite, tinrent tant de place dans nos destinées, est aussi claire et aussi précise, et, lorsqu'on se reporte aux événements, il est facile de saisir d'un coup-d'œil le mécanisme du mouvement qui a produit de si graves résultats.

Lorsque l'émeute des trois journées eut livré Paris et les deux pouvoirs parlementaires à eux-mêmes, la révolution n'était point faite encore, nous dirons plus, elle n'était peut-être ni dans la pensée de la Chambre élective, ni dans les désirs de la classe moyenne; mais il y avait alors deux puissances qui, plus fortes que les Chambres, contribuèrent d'une manière diverse à changer l'émeute de juillet en révolution. Ces deux puissances se personnifient dans deux noms propres, celui de M. de Lafayette, dont nous avons déjà parlé, et celui de M. Laffitte. M. Laffitte représentait dans la Chambre élective ce qu'on pouvait appeler la conspiration; M. de Lafayette, par le souvenir de ses antécédents révolutionnaires, représentait, dans le pays, la république. Or, le premier de ces deux hommes se servit merveilleusement de la terreur qu'inspirait le second. M. Laffitte fit de l'Hôtel-de-Ville de M. de Lafayette un épouvantail, une espèce de tête de Méduse, qu'il présenta à la Chambre et à la classe moyenne pour les précipiter dans la combinaison qu'il voulait faire prévaloir. La Chambre et la classe moyenne se trouvèrent amenées à accepter, à désirer même le succès de la combinaison de M. Laffitte, par crainte d'une combinaison pire. Elles laissèrent faire une révolution précisément parce qu'elles n'étaient point révolutionnaires. Qu'on y prenne garde en effet; si ce fut une révolution que le 9 août, dans la pensée de la classe moyenne, ce fut une réaction. Elle ne vit que la largeur qui séparait les barricades, dont les rues étaient encore encombrées, du trône qui allait se relever; la royauté partant pour l'exil, la classe moyenne voulut au moins garder son image.

LIVRE DIXIÈME.

LIVRE DIXIÈME.

Itinéraire de Rambouillet à Cherbourg. — Marques d'intérêt données à la famille royale. — Impression produite par Henri-Dieudonné et MADEMOISELLE. — Les habitants de Montebourg se signalent. — A Dreux l'accueil devient défavorable. — Charles X apprend à Verneuil que les abdications ont été déposées aux archives sans que son petit-fils ait été proclamé. — Mesures prises par le Roi pour donner à cet avènement le caractère d'un fait accompli. — La nouvelle de l'avènement du 9 août arrive à Vire. — Paroles de MADAME. — La Normandie. — Mauvais esprit causé par les incendies. — Saint-Lô. — Quelques fidélités de cour. — Le roi Charles X. — Madame la Dauphine. — Madame la duchesse de Berri. — A Valognes Charles X se sépare de ses gardes et du reste de son escorte. — Paroles du vieux Roi. — Ordre du jour. — Promesse au nom de Henri-

Dieudonné. — La famille royale s'embarque à Cherbourg. — Madame la duchesse de Berri sur le tillac. — Réflexions sur la Révolution de Juillet. — Des fautes qui furent commises. — Peut-être était-elle inévitable. — Arrivée de la famille royale en Angleterre. — Lullworth offert par une famille jacobite. — Devise de Lullworth. — Pélerinages à Lullworth. — Souvenirs de France. — On parle à MADAME de ses fidèles Dieppois. — Lettres de Vendée. — M. de Talleyrand à Londres. — Ses menées. — Calomnies contre MADAME. — Lettre à ce sujet. — Le roi Charles X renouvelle son abdication à Lullworth. — La famille royale se rend à Holy-Rood. — Mot de Henri-Dieudonné. — Aspect du château d'Holy-Rood. — Séjour de MADAME à Holy-Rood. — Ses voyages à Bath. — Ses communications avec les royalistes de France. — Les avis qu'elle reçoit.

La famille royale se dirigeait tristement vers Cherbourg. Elle était alors réunie tout entière; madame la Dauphine, qui avait été surprise à Dijon par la nouvelle des ordonnances, était enfin arrivée, à travers mille dangers auxquels elle avait échappé, grâce à un rare courage et à une présence d'esprit parfaite.

La route de Rambouillet à Cherbourg, quoique troublée par quelques alertes, s'acheva sans obstacles. En plus d'un endroit, les illustres exilés reçurent, malgré la présence des commissaires du nouveau pouvoir, les marques d'un intérêt vif et touchant. A chaque ville, des gens se rencontraient qui prouvaient, par leurs larmes, à cette royale famille, qu'elle laissait des regrets en France. L'aspect de Henri-Dieudonné et de MADEMOISELLE produisait surtout une vive impression. « Si jeunes, » répétait autour d'eux le peuple, « et déjà si à » plaindre ! » A Montebourg, gros village peu éloigné de la mer, la foule entoura MADAME et son fils, offrit des voeux à Henri, demanda sa main à baiser, plusieurs même s'écrièrent : « On nous a » défendu de vous témoigner de l'intérêt, » mais c'est égal. Vivent les Bourbons ! » Revenez bientôt ! »

A Dreux, l'accueil avait été moins favorable. Il y avait même eu une sorte d'émeute populaire pour arrêter l'artillerie de l'escorte. On était sur les terres de M. le duc d'Orléans. Le caveau de sa famille est dans cette ville, et ce prince est le propriétaire des forêts environnantes. Le 5 août, on coucha à Verneuil, et ce fut là qu'on lut les journaux du 3, qui contenaient le compte-rendu de l'ouverture de la session et le discours du lieutenant-général, qui parlait des deux abdications, et ne mentionnait point la mission que le vieux Roi lui avait confiée, de faire proclamer M. le duc de Bordeaux sous le nom de Henri V. Il y eut un moment de douloureuse surprise dans la famille royale.

Cependant Charles X avait, autant qu'il était en lui, donné le caractère d'un fait accompli à l'avènement du jeune prince. Il l'avait fait reconnaître par les troupes qui étaient demeurées auprès de sa personne; il avait voulu que, pendant tout le voyage, le mot d'ordre fût donné par Henri-Dieudonné, et deux royalistes investis de sa confiance avaient été chargés de notifier aux ambassadeurs des grandes puissances les actes de Rambouillet.

Dans la journée du 10, la famille royale apprit, à Argentan, l'avènement du 9 août. Madame la duchesse de Berri ne prononça que ces deux mots: « Ma tante! » ma tante! »

Le 10, on coucha à Condé-sur-Noireau, le 11 à Vire (1). Les populations commençaient à devenir mauvaises. La Normandie avait été récemment désolée par des incendies : la malveillance les avait attribués à la royauté, et, dans ces temps de passions politiques, cette opinion avait été accueillie. Il y a telle circonstance où, pour qu'une chose soit crue, c'est beaucoup qu'elle soit incroyable. Alors l'absurde est une puissance.

Le 12, la famille royale trouva à Saint-Lô M. le comte de Bourbon-Busset et le prince de Léon, qui, se joignant à M. le comte d'Estourmel, préfet du départe-

(1) A Vire, Charles X coucha chez M. Roger, l'un des plus riches propriétaires de la ville, qui fut touché jusqu'au fond du cœur de l'honneur que son Roi malheureux voulait bien lui faire. Après le départ de la famille royale, il fit graver en lettres d'or, sur la porte de l'appartement du Roi :

S. M. CHARLES X A PASSÉ LA NUIT ICI, LE 11 AOUT 1830.

ment, dont la conduite fut si énergique et si haute, venaient lui offrir un douloureux hommage. Ce ne fut point le seul exemple d'honorable fidélité de la part des hommes de cour, mais cependant ces exemples furent rares. Plus d'un château devint désert et se ferma sur le passage de ces grandes infortunes, qui allaient prendre possession de leur exil. La peur est inhospitalière. Les courtisans des Tuileries ne se rencontrèrent point en grand nombre sur la route de Cherbourg.

Pendant tout ce voyage, le roi Charles X était triste et morne; Madame la Dauphine, pensive et résignée. Cependant elle vint à se rappeler qu'elle avait fait ce même voyage de Cherbourg, l'année précédente, dans un autre appareil et dans d'autres circonstances, et on l'entendit s'écrier plusieurs fois: « Ah! mon Dieu!

» quelle différence! » Madame la duchesse de Berri ne pouvait regarder ses enfants sans pleurer; mais ce n'étaient point là des larmes d'abattement et de désespoir; elle regrettait une grande occasion perdue, et la résolution de chercher à la faire renaître était déjà en germe dans sa pensée.

C'était à Maintenon un douloureux spectacle, que de voir les vieux soldats de la garde, dont la plupart ne pouvaient retenir leurs larmes, faire leurs adieux au Roi, aux princes, et à ce jeune Henri, qui avait été si souvent le témoin et le compagnon de leurs jeux militaires. Valognes vit se renouveler ces lamentables scènes. Ce fut là que le Roi se sépara de ses gardes-du-corps et du reste de son escorte. Il y avait des pleurs dans tous les yeux. Charles X, d'une voix pleine de sanglots, remercia tour à tour chaque compagnie. « Je reçois vos étendards, » leur dit-il, ils sont sans tache. J'espère » qu'un jour mon petit-fils vous les ren» dra de même. Je vous remercie de vo» tre fidélité et de votre dévouement, et je » n'oublierai jamais les preuves d'attache» ment que vous m'avez données. »

On le voit, dans la pensée du Roi, c'était à Henri-Dieudonné qu'il appartenait de rendre les étendards à l'armée, s'il y avait eu un retour de fortune en faveur de sa dynastie. Le Roi ne parlait ni de lui-même, ni du Dauphin, son fils.

Le vénérable monarque fit remettre ensuite à chaque garde en particulier l'ordre du jour suivant :

« Le Roi, en quittant le sol français, vou» drait pouvoir donner à chacun de ses gar» des-du-corps et à chacun de messieurs les

» officiers et soldats qui l'ont accompagné
» jusqu'à son vaisseau, une preuve de l'at-
» tachement de son souverain ; mais les
» circonstances qui affligent le Roi ne lui
» laissent pas la possibilité d'écouter le
» vœu de son cœur. Privée des moyens
» de reconnaître une fidélité si touchante,
» Sa Majesté s'est fait remettre les con-
» trôles de ses gardes-du-corps, de même
» que l'état de MM. les officiers-généraux
» et autres, ainsi que des sous-officiers et
» soldats qui l'ont suivi. Leurs noms,
» conservés par M. le duc de Bordeaux,
» demeureront inscrits dans les archives
» de la famille royale, pour attester à ja-
» mais et les malheurs du Roi et les conso-
» lations qu'il a trouvées dans un dévoue-
» ment si désintéressé !

» Valognes, le 15 août 1830.

» CHARLES. »

Le lendemain le Roi s'embarquait à Cherbourg, sur un navire américain, avec toute sa famille. Long-temps on put voir, du rivage, une femme debout entre deux enfants sur le tillac. C'était madame la duchesse de Berri, qui, entre sa fille et son fils, saluait d'un dernier regard la France.

Ainsi la révolution s'accomplissait. La situation dont M. Decazes avait favorisé le fatal développement arrivait à son terme. Les défiances jetées entre la bourgeoisie et la royauté se terminaient par une rupture. Cet événement que la naissance de Henri-Dieudonné avait suspendu pendant dix ans, se produisait enfin, et madame la duchesse de Berri étant empêchée par de funestes obstacles de profiter de la popularité qu'elle devait au rôle qu'elle avait joué dans cette société, en dehors de la politique, elle se trouvait enveloppée avec son fils dans cet exil!

Sans doute bien des fautes avaient été commises, bien des précautions oubliées au milieu de ces circonstances si graves et si difficiles. Une fatalité inexplicable semblait avoir paralysé tous les efforts et dominé tous les événements. Par trois fois l'occasion de traiter avec avantage s'était offerte sans avoir été saisie. Le 29 juillet, on pouvait traiter à Paris, en n'ordonnant point aux troupes d'évacuer cette ville. Le 30, on pouvait traiter à Saint-Cloud, en y demeurant. Dans les premiers jours d'août, on pouvait traiter à Rambouillet, après avoir dispersé la cohue populaire qui venait offrir à l'armée une revanche. Par malheur, on oublia tous les principes de la politique et l'on recula en négociant. Nous l'avons dit, chaque pas que l'on faisait pour s'éloigner de Paris, éloignait du trône, et chaque jour on faisait un pas de plus ; de Paris à Saint-Cloud, de Saint-Cloud à Rambouillet et de Rambouillet à Cherbourg, tel fut l'itinéraire de la royauté vers son tombeau.

Il faut avouer aussi, pour être vrai jusqu'au bout, que ce fatal concours de circonstances malheureuses et de fautes de toute espèce, ne se rencontre guère que vis-à-vis un pouvoir dont la force morale est gravement compromise, et contre lequel le vent souffle, comme disait un homme d'Etat de la Restauration. Ajoutez à cela que les choses en étaient à un tel point qu'une grande épreuve était peut-être nécessaire pour dissiper bien des illusions, et laisser aux passions émues le temps de se calmer. Dans l'ivresse de la victoire, on eût fait à la royauté des conditions si dures qu'elles l'eussent avilie en ne faisant peut-être que retarder sa ruine. Mieux valait encore qu'elle conservât sa dernière chance, que de la jouer dans un moment où tout était contre elle, les hommes comme les événements.

Le navire qui portait la famille royale avait fait voile vers l'Angleterre. Le premier séjour des Bourbons sur la terre de l'exil fut Lullworth. Ce château, situé dans le Dorsetshire, leur avait été offert par la famille catholique et jacobite des Weld, qui avait conservé dans son cœur la religion des trônes tombés et ce culte de fidélité qui survit à la puissance. Le propriétaire actuel de cet antique manoir, le baronnet sir Joseph Weld, reçut avec une respectueuse courtoisie ses illustres hôtes. La devise de cette famille, inscrite partout dans son château, semblait présenter à ceux qui venaient d'y entrer, tout à la fois une consolation et une espérance. *Nil sine numine*, « rien n'arrive sans la volonté de la Providence, » telle était cette devise, héritage des siècles, et qui semblait avoir été composée de la veille.

Le roi Charles X avait pris à Lullworth le titre de duc de Milan; madame la duchesse de Berri portait celui de comtesse de Rosny : c'était un souvenir de France. A peine habité par la famille royale, Lullworth devint le but de pieux pélerinages. Les courtisans du malheur, moins nombreux que ceux des Tuileries, venaient y saluer l'exil des petits-fils de Henri IV. On y portait la tête moins bas qu'au château, mais aussi l'on y portait plus haut le cœur.

Et plus d'un de ces voyageurs, qui avait passé par Dieppe, rapportait à MA-

DAME que ses marchands n'avaient point encore effacé ses armoiries, et que la ville était pleine de son souvenir. Les marins du port, qui l'avaient si souvent conduite sur mer, avaient voulu qu'on rappelât leurs noms à son Altesse Royale. Ils savaient qu'elle avait bonne mémoire, et ils pensaient que ses fidèles Dieppois devaient toujours avoir une place dans sa pensée.

La famille royale était profondément touchée de ces témoignages d'affection. Chaque fois que quelqu'un arrivait du continent, les exilés parlaient de leurs bons amis de France. On citait avec joie les noms de ceux dont la fidélité courageuse bravait toutes les persécutions : M. de Conny, dont la haute et intrépide parole s'était élevée pour rappeler la royauté absente à la Chambre, au moment où la Chambre allait proclamer une royauté nouvelle; M. de Kergorlay, cette conscience d'une austère pureté, cité à comparaître devant la cour des pairs, à cause de la lettre dans laquelle il refusait le serment. Puis, en entendant prononcer le nom de M. de Latour-Maubourg avec les éloges qu'il méritait, madame la duchesse de Berri s'écriait vivement : « Je savais bien qu'il se conduirait » ainsi ! Moi, je l'aime depuis 1816. »

Quant à ceux qui avaient trompé l'attente qu'on avait mise dans leur fidélité, on en parlait avec tristesse, mais sans colère. Madame la Dauphine, toujours remplie d'une haute résignation, racontait qu'au milieu des périls et des obstacles qu'elle avait trouvés sur la route de Dijon à Rambouillet, le seul épisode consolant de son voyage avait été la rencontre de

M. le duc de Chartres, qui lui avait offert ses services et ceux de son régiment, avec l'empressement le plus vif et qui paraissait le plus vrai.

Au milieu de tous ces regrets perçaient de temps à autre quelques espérances. Des lettres, venues de la Vendée, présentaient le pays comme prêt à tout événement.

Cependant le nouvel ordre de choses avait été reconnu par l'Angleterre, et M. de Talleyrand, dont l'étoile reparaît à l'horizon toutes les fois qu'un gouvernement tombe et qu'un autre gouvernement s'élève, avait accepté la mission de représenter à Londres la monarchie du 9 août, que toutes les puissances reconnaissaient peu à peu. Sa police, savamment organisée, poussait ses reconnaissances jusqu'aux portes de Lullworth. Quelques propositions indignes de cette inaltérable constance, que la maison de Bourbon garde toujours dans le malheur, furent repoussées comme elles méritaient de l'être.

Pendant que MADAME continuait à aimer la France sur la terre de l'exil, des calomnies y poursuivaient son nom. On répandait le bruit qu'elle laissait des dettes immenses. Elle avait été si généreuse, que ses ennemis espéraient persuader facilement qu'elle avait été prodigue. Ce fut pour démentir ces bruits que le contrôleur de sa maison publia la lettre suivante :

« Plusieurs gazettes ont annoncé que » la galerie de tableaux de S. A. R. MADAME, duchesse de Berri, allait être mise » en vente : cette assertion est inexacte. » Les dettes de S. A. R., que ces mêmes » gazettes portent à dix millions, ne s'é-

» lèvent pas à la douzième partie de cette
» somme. MADAME payait chaque mois les
» dépenses de sa maison, sauf celles qui
» ne se soldaient que par quartier. Le mo-
» bilier de S. A. R., diamants, bijoux,
» atours et bibliothèque, qui va être
» vendu, suffira pour payer les dettes.
» Quant aux tableaux de la galerie, ils ont
» été transférés à celle du château de
» Rosny, propriété que se réserve MA-
» DAME. Tout le monde sait avec quel or-
» dre la maison de S. A. R. était tenue. En
» voici la preuve : les retenues pour les
» pensions exercées sur les employés
» étaient doublées par MADAME ; cette
» somme, ainsi augmentée, vient d'être
» rendue à chacun ; ils ont reçu en outre
» un mois de traitement en plus à titre de
» gratification. Ceux qui savent le bien
» que faisait S. A. R., l'encouragement

» qu'elle donnait aux artistes et la protec-
» tion qu'elle accordait à l'industrie, se-
» ront surpris d'apprendre que tout cela
» se faisait sur une dotation de cent vingt-
» cinq mille francs par mois ; aussi est-il
» vrai de dire que les regrets les plus vifs
» de toutes les classes de la société ont
» suivi MADAME dans l'exil. »

Ce fut dans le château de Lullworth que le roi Charles X renouvela son abdication, en faisant aux actes de Rambouillet des modifications importantes qui donnaient, quant à ce qui regarde ce monarque et M. le Dauphin son fils, une nouvelle autorité au fond de l'acte en lui-même. Nous citerons ce document, daté de Lullworth, sans réflexion et sans commentaire. Il appartient à l'histoire, et, à ce titre, l'histoire doit le conserver, en réservant à la postérité le soin d'en juger la teneur. D'ailleurs la connaissance de cette pièce est nécessaire à l'intelligence de ce qui va suivre. La conduite de madame la duchesse de Berri cesserait d'être compréhensible, si l'abdication et la renonciation signées à Rambouillet n'avaient point été maintenues sur la terre étrangère. Pour qu'elle pût venir, nous ne disons pas légalement, mais logiquement proposer à la Vendée de se soulever au nom de Henri V, il fallait que Charles X et Louis-Antoine reconnussent que la signature qu'ils avaient apposée au bas des actes de Rambouillet les engageait d'une manière non pas conditionnelle, mais absolue, et qu'elle conservait sa valeur à leur égard, malgré l'avènement du 9 août. Ainsi, cette pièce est, comme nous l'avons dit, non-seulement d'un curieux intérêt historique, mais d'une nécessité indispensable à l'intelligence de la suite de ce récit.

Voici quelle en était la teneur (1) :

« Nous, Charles dixième du nom, par
» la grâce de Dieu roi de France et de Na-
» varre.

» Les malheurs qui viennent d'éclater
» sur la France et le désir d'en prévenir
» de plus grands, nous ont déterminé, le
» 2 du présent mois, en notre château de
» Rambouillet, à abdiquer la couronne,
» et ont en même temps déterminé notre
» fils bien-aimé à renoncer à ses droits en
» faveur de notre petit-fils le duc de Bor-
» deaux.

(1) Pour ôter d'avance tout prétexte à la mauvaise foi, nous reproduisons ce document historique tel que M. le général Dermoncourt l'a publié dans son ouvrage sur la Vendée, quoique le texte y ait subi quelques altérations, qui du reste ne changent rien au sens de l'acte.

» Par une pareille disposition datée de » la veille et du même lieu, et rappelée » dans le second acte, nous avons nommé » provisoirement lieutenant-général du » royaume un prince de notre sang, qui, » depuis, a accepté des mains de la ré- » volte le titre usurpé de *roi des Fran-* » *çais*.

» Après un tel événement, nous ne sau- » rions trop nous hâter de remplir les de- » voirs que nous imposent à la fois les in- » térêts de la France, le dépôt sacré qui » nous a été transmis par nos ancêtres et » notre ferme confiance dans la justice di- » vine.

» A CES CAUSES :

» Nous protestons en notre nom, et au » nom de nos successeurs, contre toute » usurpation des droits de notre famille à » la couronne de France.

» Nous révoquons et déclarons nulle, » non-avenue, la disposition ci-dessus rap» pelée, par laquelle nous avions confié » au duc d'Orléans la lieutenance-géné» rale du royaume.

» Nous nous réservons de pourvoir à la » régence lorsque besoin sera, jusqu'à la » majorité de notre petit-fils HENRI V, ap» pelé au trône par suite de l'acte donné à » Rambouillet le 2 du présent mois, la» dite majorité fixée par les statuts de la » couronne et des usages du royaume » au commencement de sa quatorzième » année, qui aura lieu le trentième jour » du mois de septembre 1833.

» Dans le cas où avant la majorité du » roi HENRI V il plairait à la Providence » de disposer de nous, sa mère, notre » fille bien-aimée, duchesse de Berri, se» rait de droit régente du royaume.

» La présente déclaration sera rendue » publique et communiquée à qui de droit, » lorsque les circonstances le requer- » ront.

» Fait à Lullworth le vingt-quatrième » jour du mois d'août de l'an de grâce » 1830, de notre règne le sixième.

» *Signé* CHARLES. »

On le voit, le roi Charles restait d'accord avec lui-même. Il était admis par la famille royale que l'acte de Rambouillet avait conservé toute sa valeur à l'égard de la branche aînée, et cet acte trouvait une nouvelle confirmation dans l'acte daté de Lullworth, qui fut notifié aux différents cabinets.

Peu de temps après, le roi d'Angleterre fit offrir aux Bourbons exilés le château d'Holy-Rood pour résidence. Toutes ces infortunes royales étaient à l'étroit à Lullworth, et, d'ailleurs, elles craignaient d'abuser de la noble hospitalité de la famille Weld. Il fut donc résolu qu'elles iraient s'établir dans le château d'Holy-Rood, que Charles X avait déjà habité, lors de la première révolution.

Holy-Rood est un vaste palais situé à l'une des extrémités de la vieille ville d'Édimbourg; une place le sépare du triste et populeux faubourg de la Canongate. De tous côtés, il est entouré par des montagnes : celle qui s'élève à sa gauche est couronnée d'édifices pittoresques, et environnée d'une demi-ceinture de maisons neuves et blanches, qui forment, comme de nouvelles venues, un cercle respectueux autour du royal château d'Édimbourg. Une de ces maisons fut occupée par madame la Dauphine; on en disposa une autre pour madame la duchesse de

Berri. Quatre tours parallèles, s'élevant ensemble, donnent à la façade du château un aspect imposant et majestueux; les armes des rois d'Écosse, vieille et illustre décoration, surmontent la porte d'entrée. La façade opposée, à l'extrémité de laquelle se trouvent les ruines de la chapelle, est entièrement moderne; ce fut cette partie du palais que Charles X et Henri-Dieudonné habitèrent. MADEMOISELLE occupa les appartements situés à la droite de la porte d'entrée

Il fut vif et sincère, le sentiment de tristesse que madame la duchesse de Berri éprouva, en se séparant de ses enfants. Holy-Rood était trop éloigné et trop excentrique pour que MADAME pût y suivre la famille royale. Elle avait, sur plusieurs points de la France, des correspondances politiques très-actives, et elle devait se tenir à portée de recevoir des nouvelles de ses amis. Elle se préparait déjà à la difficile et périlleuse entreprise qu'elle tenta plus tard : il était donc nécessaire qu'elle fût à peu de distance du foyer de l'action et du mouvement. Elle croyait s'éloigner de ses enfants pour les servir. Il fallut ces graves considérations pour la décider à quitter sa famille : loin de Henri-Dieudonné et de MADEMOISELLE, madame la duchesse de Berri était doublement dans l'exil.

Si cette séparation fut pénible et douloureuse, le voyage d'Édimbourg fut pour Henri-Dieudonné l'occasion d'une parole simple et touchante qui alla au cœur de MADAME, parce qu'elle répondait à ses sentiments et à sa pensée. MADEMOISELLE devait faire le voyage par terre, et son frère devait s'embarquer. « Vous allez par

» mer, vous ne verrez rien, dit la jeune » princesse. Moi, qui fais le voyage par » terre, je serai plus heureuse que » vous. »

Henri-Dieudonné répondit :

« Je préfère mon voyage au vôtre, car, » moi, je verrai la France ! »

Ce fut vers cette époque que madame la duchesse de Berri apprit la mort du roi de Naples, son père. Sa santé était déjà chancelante quand il rendit visite aux Bourbons de France, et il est permis de croire que les événements de juillet et d'août hâtèrent sa fin. MADAME fut vivement affligée de cette perte ; tous les malheurs semblaient l'accabler à la fois, et la grande catastrophe politique qui avait conduit son fils à Holy-Rood était couronnée par un deuil de famille.

Cependant tout se préparait pour l'entreprise que MADAME allait tenter. D'un côté, M. de Blacas était parti pour parcourir l'Europe et pressentir les divers cabinets des pays que MADAME devait traverser; de l'autre, M. de Montbel avait été chargé de négocier auprès de la cour d'Autriche l'admission de la maison de Bourbon dans les Etats de l'empereur. On donnait pour motif ostensible le climat de l'Angleterre, qui ne convenait point à la santé des augustes exilés. Le motif réel était la raison politique qui interdisait à la famille royale de laisser Henri-Dieudonné comme en ôtage dans un pays dont l'union avec le cabinet du Palais-Royal était si étroite, et cela, au moment où MADAME se préparait à tenter la fortune contre la royauté du 9 août.

Avant de partir, la princesse voulut revoir la famille royale et ses enfants, et elle vint habiter pendant quelque temps la maison qu'on avait disposée pour elle, non loin du château d'Holy-Rood. Cette entrevue fut touchante. MADAME goûta, dans ces derniers instants de vie privée, un bonheur qui lui rendit plus pénible la vie politique dont elle allait assumer le fardeau. MADEMOISELLE était si noble et si gracieuse ! Henri-Dieudonné annonçait déjà une ame si belle et un cœur si haut !

On parlait un jour devant lui d'un jeune homme dont la conduite coupable n'avait pu trouver d'indulgence qu'à Holy-Rood. Henri-Dieudonné, avec cette droiture de cœur qu'il avait montrée dès sa plus tendre enfance, comme on a pu le voir dans la lettre de madame de Gontaut à M. le duc de Rivière, exprimait seul son indignation de la manière la plus vive. — Mais Henri, lui dit MADAME, n'oubliez

» donc pas que ce jeune homme a sans
» doute suivi l'impulsion de ses parents ;
» le condamnerez-vous pour leur avoir
» obéi ? Si je vous commandais une action
» qui vous parût contraire à l'honneur et
» au devoir, est-ce que vous désobéiriez ? »

Henri-Dieudonné leva un œil ferme et assuré sur madame la duchesse de Berri, et lui répondit sans hésiter : « Oui, ma mère. »

A Holy-Rood le jeune prince avait repris le cours de ses études. M. de Barande, homme de sens et de savoir, et ancien élève de cette Ecole Polytechnique qui a formé tant de personnages célèbres, suivait avec une vive sollicitude son éducation. M. le baron de Damas qui avait succédé à M. le duc de Rivière dans les fonctions de gouverneur, et qui appliquait le plan de son prédécesseur avec une religieuse exactitude, remplissait avec succès la tâche importante qui lui avait été confiée. Le physique et le moral de Henri-Dieudonné se développaient en même temps. Afin d'exciter son émulation, on lui avait donné pour compagnons de jeux ou d'études les trois fils de M. le duc de Guiche et celui de M. le comte de Brissac; en outre, tous les jours, on admettait à ses leçons des personnes étrangères ou même quelques-unes de celles qui habitaient le pays. Il n'était pas de Français qui fît le pélerinage d'Holy-Rood, sans être invité à assister aux leçons du jeune prince.

Parmi ces pieux visiteurs de la royauté malheureuse, on remarqua M. le vicomte de Conny, qui fut vivement frappé de l'accueil de Henri-Dieudonné. Il trouva que l'exil, ce grand instituteur des enfances illustres, avait développé d'une manière rapide le cœur et l'esprit du petit-fils de Henri IV. A son retour, il raconta, avec cette chaleur d'ame et de paroles qui lui est propre, son entrevue avec le jeune prince. « On lui annonça, » dit-il, que des Français étaient avides de » le voir : mes deux fils m'accompa- » gnaient. Il courut à nous et nous don- » na la main avec une grâce charmante. » — *Oh! vous arrivez de France*, nous » dit-il, *et vous allez bientôt y retourner!* » *qu'on est heureux d'habiter la France!* » Tous ses souvenirs, toutes ses pensées » sont à la France; et, dans ses études » comme dans ses jeux, c'est toujours le » nom de France qui vient se placer sur » ses lèvres. Les deux circonstances que » Henri se plut surtout à rappeler furent » une visite à l'Ecole de Saint-Cyr et à » l'artillerie de Vincennes. Il savait les

» noms d'une foule d'élèves de Saint-Cyr ;
» mon fils avait eu l'honneur de faire partie de cette école, et le prince resta des heures entières à se rappeler avec lui tous les souvenirs de ce beau bataillon de Saint-Cyr que, peu de jours après sa visite, il avait retrouvé à Saint-Cloud marchant à la défense du trône. Dans ses études de dessin, on remarque encore la pensée qui domine son ame tout entière ; ce sont toujours des images de son pays que son crayon aime à retracer, puis des têtes de soldats, des chevaux, des armures, des batailles. — *Je vous donnerai*, me dit-il, *un de mes dessins, c'est un grenadier de la garde. Ah ! qu'ils étaient beaux ces grenadiers ! Ils m'aimaient et je les aimais aussi.* Puis il me citait avec vivacité tous les régiments de la garde, les noms des chefs,

» des officiers, et d'un grand nombre de » soldats. Une autre fois, il me demandait » si j'avais visité l'arsenal de Londres. » Je lui répondis affirmativement et j'a- » joutai que j'y avais vu avec tristesse » deux canons français. — *Des canons* » *français? — Oui, Monseigneur, deux* » *canons qui nous furent enlevés dans une* » *ancienne bataille. — Ah! je ne veux pas* » *les voir; je n'irai pas à l'arsenal de* » *Londres. Mais s'il y avait la guerre, et* » *si les Anglais amenaient nos canons sur* » *les champs de bataille, nous les repren-* » *drions, n'est-ce-pas, que nous les re-* » *prendrions?* »

Madame la duchesse de Berri se plaisait à voir cette enfance vive et pleine de sève, qui, sans rien offrir de ces raffinements précoces qui usent l'avenir pour décorer le présent, allait au vrai et au beau par toutes les routes. Henri-Dieudonné n'était point homme avant l'âge ; mais on sentait que la famille royale n'aurait rien à désirer si, chez lui, l'homme tenait les promesses de l'enfant.

Le nom du prince était devenu populaire en Ecosse ; voici à quelle occasion. Les archers d'Édimbourg, quelques jours après l'arrivée de la famille royale, témoignèrent le désir de voir assister le jeune héritier de la maison de Bourbon à leurs exercices. Henri, au jour fixé, trouva la compagnie entière en grande tenue : un arc, des flèches, un brassart, des gants avaient été préparés pour lui. Les premiers coups ne furent pas heureux, mais bientôt il atteignit le but à deux reprises, au milieu des acclamations des assistants. Au moment de s'éloigner, Henri se tourna vers le commandant, et lui demanda s'il voulait un archer de plus dans sa compagnie; alors il inscrivit, de sa main, son nom sur le contrôle des archers d'Édimbourg. Un peu plus tard, le jeune prince fit une course assez longue dans les montagnes de l'Ecosse. Aussitôt que la nouvelle de son arrivée fut répandue, une nombreuse députation vint l'engager à se rendre dans une assemblée où se trouvaient les plus illustres réprésentants de la vieille noblesse écossaise, les d'Argyle, les Montrose, les Campbell, les Hamilton. Là on lui décerna unanimement le titre de chef écossais, et on lui en remit les insignes. Les chefs de cette nation guerrière, qui avait fourni jadis des gardes fidèles à la puissance de nos rois, honoraient l'infortune de leur rejeton.

MADAME ne put habiter long-temps Edimbourg; le climat triste et brumeux de cette cité et ses éternels brouillards altérèrent bientôt sa santé. Elle fut obligée d'aller demander aux eaux de Bath ce que sa chère ville de Dieppe lui donnait naguère encore.

La princesse se logea dans une petite maison qui se composait en tout de six pièces et de deux étages. Elle n'avait avec elle que madame de Bouillé; elle était servie par une femme de chambre et par un seul domestique qu'elle appelait en riant son cuisinier. Malgré ce titre ambitieux, sa table était plus que frugale; mais que lui importaient cette habitation étroite, cette table mal servie, cette lampe modeste, qui éclairait son salon, et la simplicité toute bourgeoise de cet intérieur? MADAME avait réformé son luxe, pour ne pas réformer ses charités. Ses pauvres continuaient à être secourus, son hôpital de Rosny ne manquait de rien. De tout temps, son superflu avait appartenu à l'indigence; elle prenait maintenant son superflu sur son nécessaire.

D'ailleurs MADAME semblait dominée par quelque grave pensée qui ne laissait plus de place dans son esprit pour ces goûts d'élégance, douce occupation de ses loisirs, dans des jours heureux où elle n'avait pas d'autre tâche à remplir que celle de présider à des fêtes. Lorsque dans l'étroit salon de la petite maison de Bath un cercle peu nombreux se réunissait autour d'elle, on s'étonnait d'entendre sortir de sa bouche de ces réflexions rapides qui annoncent un coup-d'œil juste et prompt, si utile dans les grandes affaires. Ceux qui venaient de France pour se concerter avec elle, s'en retournaient ravis des qualités qui s'étaient développées chez la princesse. Il semblait qu'elle devînât ce qu'elle n'avait point appris, et la vivacité de son esprit était au niveau de toutes les questions, comme l'intrépidité naturelle de son caractère à la hauteur de tous les périls.

Le moment approchait où MADAME allait mettre à l'épreuve et cette intelligence et ce courage qui frappèrent tous ceux qui eurent l'honneur d'approcher d'elle à Bath. Son parti était pris : elle allait tenter la fortune contre le gouvernement établi en France, et lever drapeau contre drapeau. La pensée de cette hasardeuse expédition était déjà irrévocablement arrêtée dans son esprit, lorsqu'elle quitta les ports de l'Angleterre pour se rendre dans la péninsule italique.

FIN DU TOME SECOND.

TABLE DES LIVRES.

LIVRE PREMIER.

LIVRE DEUXIÈME.

LIVRE TROISIÈME.

LIVRE QUATRIÈME.

LIVRE CINQUIÈME.

LIVRE SIXIÈME.

LIVRE SEPTIÈME.

LIVRE HUITIÈME.

LIVRE NEUVIÈME.

LIVRE DIXIÈME.

FIN DE LA TABLE.

www.ingramcontent.com/pod-product-compliance
Ingram Content Group UK Ltd.
Pitfield, Milton Keynes, MK11 3LW, UK
UKHW012152240726
13966UKWH00002B/282

9 782013 403788